本书受到云南大学马克思主义学院著作出版专项经费资助

"十三五"国家重点图书出版规划项目

中国减贫研究书系 / **案例研究**
CHINA'S POVERTY ALLEVIATION SERIES

滇西边境山区扶贫开发

THE POVERTY AID AND DEVELOPMENT IN THE WEST YUNNAN BORDER MOUNTAIN AREA

李洁超 / 著

社会科学文献出版社
SOCIAL SCIENCES ACADEMIC PRESS (CHINA)

《中国减贫研究书系》
出版说明

消除贫困是人类自古以来的理想，是人类的共同使命，也是当今世界面临的最大全球性挑战。中国的消除贫困行动取得了举世瞩目的成就，为全球减贫事业作出了重大贡献。党的十八大以来，新一届中央领导集体高度重视扶贫开发工作，明确了"到2020年现行标准下农村贫困人口全部脱贫，贫困县全部摘帽，解决区域性整体贫困"的目标，召开中央扶贫开发工作会议，对打赢脱贫攻坚战进行了全面部署。目前，全国上下全面实施精准扶贫、精准脱贫方略，中国迎来了与贫困作战的新一轮浪潮。

在这种大背景下，社会科学文献出版社希望通过减贫与发展主题作品的出版，搭建减贫研究的资源共享和传播平台，向社会和政策界传递学界的思考和分析，探索和完善中国减贫和发展的模式，并通过学术成果"走出去"，丰富国际减贫经验，为人类消除贫困贡献中国模式。

《中国减贫研究书系》和"中国减贫数据库"是社会科学文献出版社自主策划的出版项目，项目策划之初就获得了中国社会科学院李培林副院长、蔡昉副院长的肯定和支持。图书项目目前已被列入"十三五"国家重点图书出版规划。依托于该书系以及社会科学文献出版社历史上已出版图书的"中国减贫数据库"业已入选"十三五"重点电子出版物出版规划。

中文版书系将全面梳理新中国成立以来，特别是改革开放40年来我国减贫政策演变进程及历史经验；系统分析现阶段我国减贫工作所面临的突出问题并探索相应的解决方式与途径，为减贫工作提供理论资源和智识支持；总结政府、社会、市场协同推进的大扶贫格局，跨地区、跨部门、跨单位、全社会共同参与的多元主体社会扶贫体系的优势；探索区域合作、国际合作在减贫问题上的实践路径，为全球减贫视野贡献中国智慧。

"中国减贫数据库"旨在全面整合社会科学文献出版社30年来出版的减贫研究学术成果，数据库设有减贫理论、政府减贫、市场减贫、国际减贫、区域减贫、金融减贫、社会救助、城市减贫、减贫政策（战略）、社会减贫、减贫案例等栏目。我们希望以此为基点，全面整合国内外相关学术资源，为中国减贫事业的开展、学术研究、国际合作提供数据平台支持。

基于中文版书系及数据库资源而成的"走出去"项目，将以多语种展现中国学术界在贫困研究领域的最新成果，展现减贫领域的中国模式并为其他国家的减贫事业提供中国镜鉴，增强中国发展模式的国际话语权。

作为人文社会科学专业学术出版机构，社会科学文献出版社长期关注国内外贫困研究，致力于推动中外减贫研究领域的学术交流与对话，出版了大批以减贫与发展为主题的学术著作。在新时期中央有关减贫战略思想的指导下，我们希望通过《中国减贫研究书系》这个平台，多维度、多层次展现中国减贫研究的优秀学术成果和成功的中国经验，为中国减贫事业、为全面实现小康贡献出版界的力量。

《中国减贫研究书系》
编辑委员会

摘　要

　　长期以来，我国政府矢志不渝地致力于少数民族地区的扶贫开发工作。这是消除我国贫困现象、缩小地区发展差距的重要保障，是提升我国民族地区发展水平、巩固民族关系的必然要求，也是我国全面建成小康社会、实现中华民族伟大复兴的必要途径。自1986年国家有组织地开展扶贫开发以来，少数民族地区的扶贫开发政策一直受到学界的高度关注，成为我国民族理论与民族政策的一个重要研究课题。当前，我国的扶贫开发工作进入了集中力量推进集中连片特困地区开发的新阶段，少数民族贫困地区因其贫困人口多、贫困程度深而成为新阶段扶贫攻坚的重点战场及难点所在，其减贫与发展课题的重要性愈发凸显。

　　滇西边境少数民族贫困地区位于云南省西部，是集边境地区、民族地区和贫困地区为一体的集中连片特困地区，也是我国新阶段扶贫开发的重点地区。但是，目前国内学术界对该地区扶贫开发问题尚未进行专题研究。为此，本书将此项研究置于我国少数民族地区扶贫开发的大背景之下，首先梳理了我国少数民族地区扶贫开发的理论依据、现实依据和战略意义，以及国家的倾斜性政策措施。随后，本书全面阐述了滇西边境少数民族贫困地区的自然环境条件、贫困现象特征、民族关系现状，以及扶贫开发的工作历程与成就及经验。本书在此基础上结合实地调研，深入分析探讨了该地区现阶段扶贫开发中存在的困境与问题，并挖掘其深层根源。着重指出：区内文化教育事业滞后、贫困人口自身发展能力薄弱，以及民族文化保护传承不足等因素给扶贫开发带来了巨大困难。

　　针对这些问题和困境，本书将滇西边境少数民族贫困地区及其少数民族贫困群众的多维度内在发展需求与扶贫开发工作的改进完善问题结合起来，重点聚焦在该地区少数民族贫困人口的能力素质提升，其参与扶贫开发各项权利的制度保障，以及扶贫开发的机制完善方面，并深度探讨了区内少数民族传统文化的保护开发与扶贫工作的紧密联系。本书强调了扶贫开发中充分发挥少数民族贫困群众主体性和能动性的必要性，论证了组织贫困群众深度参与扶贫开发是该地区长期可持续脱贫致富的前提和保障。由此，本书对区内新阶段的扶贫开发工作给出了具有较为长远和战略眼光的总体原则和对策建议，以期为该地区新阶段的扶贫工作提供参考，进而为我国连片特困少数民族地区的扶贫开发研究贡献一份力量。

ABSTRACT

For nearly thirty years, the Chinese government has been consistently engaged in helping the poor in its ethnic areas, which is the important guarantee to eliminate poverty and to reduce disparities in regional development in our country, as well as the necessary requirement to promote the development in ethnic areas and to consolidate our country's ethnic relationships. It is also the indispensable approach to building our country into a wealthy society and to realizing the great rejuvenation of the Chinese nation. Since 1986 when our government began organizing poverty aid programs, the poverty aid policies in ethnic areas have holden the spotlight and have become an important research subject of our country's ethnic theories and policies. At present, our country's poverty aid has come to a new stage of whole-regional aid and development for areas with special difficulties. In this new stage, the ethnic areas have become the most difficulty part in the fight against poverty thanks to their large poverty population and their severe poverty degree. Therefore, the importance of the subject to help and develop the ethnic poverty-stricken areas is drawing more and more attention.

The West Yunnan Ethnic Poverty-Stricken Border Area lies in the west of Yunnan Province. It is a whole-regional-special-difficulty area with the combination of a border area, an ethnic area and a poverty-stricken area, as well as a focus of our country's new stage poverty aid and development. However, there is up to now no research on this area in our domestic academia. To make up, this dissertation tries to analyze all-roundedly and accurately the problems and dilemmas the current poverty aid and development face in this area, and it tries to provide measures and suggestions to better and futher the local poverty aid. To put this research against the background of the poverty aid and development in our country's ethnic areas, this dissertation first probes the theoretical basis and the reality basis for the poverty aid and development in our country's ethnic areas, and then it presents the favorable policies and measures for our country's poverty aid and development in ethnic areas, as well as their strategic significance for building China into a wealthy society, for realizing simultaneous prosperity, and for reinforcing ethnic solidarity. Subsequently, this thesis discusses the natural conditions, the local poverty characteristics, the current ethnic relationships status, and the history, achievements and experience of the poverty aid and development in the West Yunnan Ethnic Poverty-Stricken Border Area. Based on this and combined with on-site field work, the dissertation thoroughly analyzes and probes the problems and dilemmas existent in the current poverty aid and development in this area, and quests for their root causes. The facts are especially pointed out that education in this region is underdeveloped, that the poor has little ability to develop themselves, and that the traditional ethnic cultures are pooly protected and inherited. In addition, other serious problems exist in the poverty aid and development in this area, such as the bureaucratism as the result of the defects in the local poverty aid mechanism, the low efficiency in the management of poverty aid funds and projects, and the loss of legal rights and active participation of the local poor in the distribution of poverty aids and resources. All of these are severly hampering and undermining the local poverty aid and development.

To find solutions to these problems and dilemmas, this dissertation connects poverty aid with the needs of the local ethnic poor and the West Yunnan Ethnic Poverty-Stricken Border Area as a whole. It focuses on the ability improvement of the local ethnic poor, the institutional guarantee of their rights to take part in poverty aid affairs, and the bettering of the poverty aid mechanism. It deeply analyzes the close connection between the protection plus development of local ethnic cultures and the poverty aid cause. This dissertation stresses the full arousal of the subjectivity and initiation of the ethnic poor in poverty aid and development; it proves that the precondition and guarantee of the long and lasting out-of-poverty-into-prosperity can be nothing else but the deep participation of the poor in the poverty aid and development. Based on the above all, the thesis gives foreseeing and strategic general principls and specific suggestions for the local poverty aid and development in the new stage, with which the thesis expects to presents some references for the new stage poverty aid and development in this area, and furthermore, to contribute the author's share to our country's academic research on the poverty aid and development in ethnic areas with special difficulties.

目　录

CONTENTS

导　言

第一节　选题缘由

新中国的历史，就是党和国家带领全国各族人民解放和发展生产力、努力摆脱贫困、过上更加富裕幸福生活的历史。特别是十一届三中全会以来，党和国家矢志不渝地加大扶贫开发工作力度，不断健全扶贫开发制度保障，不断探索适合贫困地区实际的扶贫开发模式，不断推动社会各界参与扶贫开发事业，不断增强贫困地区的自我发展能力，不断改善其基础设施、生产生活条件，促进其各项社会事业的发展，使我国的扶贫开发事业取得了巨大进步。

然而不可否认的是，少数民族贫困地区，特别是边疆和山区少数民族贫困地区，至今仍是扶贫开发中最难啃的"硬骨头"。根据国家统计局数据，截至2015年，按年人均收入2300元（2010年不变价）的国家农村扶贫标准测算，民族八省区农村贫困人口为1813万人，占全国农村扶贫对象总数的32.5%。[①] 广西、贵州、云南的农村扶贫对象总数达1430万人，占民族八省区贫困人口的79%，主要分布在滇桂黔石漠化区、滇西边境山区和乌蒙山区。究其缘由主要是：少数民族贫困人口大多分布于边远高原、山区和灾害多发、生态脆弱的特殊类型地区，贫困人口比重高，贫困发生率高，致贫返贫因素多，生产生活条件差，公共服务水平低。在以上因素的共同作用下，形成了区域性贫困和民族性贫困交织、绝对贫困与相对贫困交织的综合性、多维度的贫困现象与特点，扶贫开发难度很大，我们还有很艰难的路要走。在建设中国特色社会主义"五位一体"的总布局下，如

[①] 国家民委经济发展司：《2015年民族地区农村贫困情况》，中华人民共和国国家民族事务委员会网站，http：//www.seac.gov.cn/art/2016/4/11/art_31_251389.htm/？-from=timeline & isappinstalled=0，最后访问时间：2017年4月27日。

何帮助少数民族地区在巩固既有扶贫成果的基础上顺利实现新时期扶贫开发目标，直接关系到维护少数民族地区的民族团结大局，关系到实现各民族共同繁荣发展乃至全面建成小康社会等我国一系列发展战略目标的实现。因此，我们有必要继续对扶贫开发问题，尤其是少数民族贫困地区的扶贫开发问题进行深入的研究。

为了进一步协调我国区域发展的平衡性，确保落后地区和贫困地区，特别是少数民族贫困地区得到更好的扶持，促进各民族共同繁荣发展，2011 年我国发布的《中国农村扶贫开发纲要（2011—2020 年）》确定了 14 个集中连片特殊困难地区作为扶贫攻坚主战场，分别是六盘山区、秦巴山区、武陵山区、乌蒙山区、滇桂黔石漠化区、滇西边境山区、大兴安岭南麓山区、燕山 - 太行山区、吕梁山区、大别山区、罗霄山区、西藏、四省藏区、新疆南疆三地州。14 个集中连片特困地区中除了吕梁山区、大别山区、罗霄山区以外，有 11 个地区是我国少数民族集中的地区。在民族地区内部，也呈现相对集中的分布特点。广西、贵州、云南三省区 2015 年贫困人口占民族八省区贫困人口的近80%，主要分布在滇桂黔石漠化区、乌蒙山区和滇西边境山区。本书所研究的滇西边境山区，是国家扶贫开发攻坚战的重点区域，也是我国面向西南开放桥头堡的前沿阵地。该地区山地多、海拔高，自然环境及生存生产条件比较恶劣，贫困县、乡、村彼此连片集中；同时，该地区也是云南省内拥有少数民族最多、人口较少民族最为集中、毗邻国家最多、边境线最长、贫困问题最为严重的地区。因此，本书在论述中将该地区称为滇西边境少数民族贫困地区，以期突出该地区集"民族、边境、山区、贫困"为一体的特殊性。可见，研究滇西边境少数民族贫困地区的贫困问题，深入了解该地区的扶贫开发状况，为其提供有效的对策建议，不仅在理论上具有极为重要的战略意义，而且在实践上对扶贫开发效率和效果达到最大化与最优化，也具有重要的现实意义。

第二节　研究意义

一　理论意义

首先，本研究拟以马克思主义民族理论为依据，结合公共政策学、民族学、生态学、经济学、教育学等多学科的相关理论，将国家推进少数民族发展政策与扶贫开发政策相结合，对滇西边境少数民族贫困地区的贫困现状、致贫原因、扶贫开发所面临的挑战与机遇进行深入研究，进而对扶贫开发途径和扶贫机制创新等问题给出对策性建议，还对新阶段滇西边境少数民族贫困地区扶贫开发的有效路径进行探析。这种研究对其他少数民族贫困地区扶贫开发也有益处。

其次，不同地区不同民族的贫困问题具有各自的特殊性。这种特殊性取决于贫困地区特殊的自然、历史、社会和民族文化等因素；其特殊性要求扶贫开发必须瞄准该地区各民族在各方面的特性，制定具有针对性的扶贫措施。与此相对，目前在全国统一实施的扶贫开发政策，在面对少数民族地区具有明显差异性的扶贫需求时，就暴露出了它在针对性、灵活性和包容性等方面的不足，从而导致扶贫效果不尽如人意。本研究力图深入探索滇西边境少数民族贫困地区在多个方面的特殊性，以及由此产生的扶贫开发上的差异性需求，以此审视目前国家扶贫开发的模式和路径，并提出一些建设性改进意见。

二　实践意义

首先，本研究对提高滇西边境少数民族贫困地区的扶贫开发效率具有现实意义。滇西地区是我国面向西南开放桥头堡的重要窗口，也是我国西南生态安全的重要屏障，具有极重要的战略地位。滇西边境少数民族贫困地区扶贫开发效果的最大化和最优化，直接关系到该地区的社会和谐、民族团结乃至国家的边疆稳定和国土安全。本研究拟通过定性、定量的分析研究，解析滇西边境少数民族贫困地区贫困特殊性以及在扶贫开发中面临的困境，这将有助于科学评估该地区扶贫开发中的机遇与挑战，有助于选择适合该地区实际的扶贫开发方式和路径。

其次，本研究也可为其他连片特困少数民族地区的扶贫开发提供对策性参考。滇西边境少数民族贫困地区作为全国连片特困地区之一，在区位条件、经济结构和社会发展等方面与其他少数民族集中连片特困地区具有相当多的共性。这些共性意味着该地区的情况在一定程度上能够反映其他少数民族地区，特别是连片特困少数民族地区的情况。本研究将综合运用实地调研、调查问卷和文献研究等方法，深入解析滇西边境少数民族贫困地区扶贫开发面临的种种问题及其根源，在此基础上提出适合该地区扶贫开发的理论框架和对策性建议，希望它能为其他连片特困少数民族地区扶贫开发工作起到参考作用。

第三节　研究动态

在本书前期的资料收集过程中，笔者分别使用"扶贫开发政策研究""少数民族地区扶贫开发政策研究""扶贫开发对策研究""少数民族地区扶贫开发对策研究""反贫困研究""少数民族地区反贫困研究""连片特困地区扶贫开发研究"等关键词，在国家图书馆馆藏信息网、中国期刊网、万方数据库等公共网络资源中进行检索，收集了大量相关著作和学术论文。目前，该领域的研究成果主要涉及民族理论与民族政策、民族学、经济学（少数民族经济）、公共管理以及人文地理等多个学科。国内关于少数民族地区扶贫开发及对策建议方面的研究主要集中在以下几个方面。

一　关于马克思主义民族理论与政策的基础性研究

马克思主义民族理论是党和政府制定民族政策的理论指导和依据，是民族工作的行动指南，是解决中国民族问题的基本理论原则。因此，少数民族地区的扶贫开发研究必须在马克思主义民族理论的指导下进行。学者们主要对马克思主义民族理论体系及其基本内涵、马克思主义民族理论中国化进程、中国特色社会主义民族理论体系及其基本内涵，以及我们党和政府制定实施的各项民族政策进行了全景式的深入研究。

关于马克思主义民族理论的论著主要有金炳镐教授的《民族理论通论》（修订本），该书全面系统地介绍了马克思主义理论指导下的民族理论学科体系，全景式地论述了民族实体、民族发展、民族关系、民族问题、民族纲领、民族政策六个方面的理论问题，为民族工作者提供了翔实可靠的理论参考。[1]

---

[1]　金炳镐：《民族理论通论》（修订本），中央民族大学出版社，2007。

此外还有金炳镐教授的《民族理论与民族政策概论》（修订本），该书阐述了马克思主义民族理论和中国共产党的中国特色社会主义民族理论，并概述了我国的民族平等、民族团结和民族区域自治等各项民族政策。①

关于中国共产党民族政策的论著种类丰富。以党的民族政策发展历程为研究视角的主要有：金炳镐、王铁志主编的《中国共产党民族纲领政策通论》，该书是首次全面系统地论述中国共产党民族纲领政策及其发展历程的学术著作；② 何龙群的《中国共产党民族政策史论》，该书较为详尽地总结了中国共产党民族政策的发展历程、形成基础、根本依据、主要内容、制定程序、实施途径、基本特点、发展规律，以及马克思主义民族理论的中国化进程。③

以党的民族政策的制定过程为研究视角的主要有杨昌儒所著的《民族政策学》④，沈桂萍、石亚洲所著的《民族政策科学导论》⑤ 等。

二　关于我国扶贫开发政策的研究

我国少数民族地区扶贫开发政策是国家扶贫开发政策总体框架下的特殊政策。因此，对少数民族地区扶贫开发政策的研究，必须置于国家扶贫开发政策的总体框架和背景之中。当前对国家扶贫开发政策的研究已相当成熟，学者们对国家扶贫开发政策的形成背景、发展过程、制定原则、目标任务、主要内容、实际成效、存在问题、经验教训以及进一步完善这一政策的建设性意见、建议等进行了全方位的深入研究。

以国家扶贫开发政策发展历程为研究视角的著作有：张磊的《中国扶贫开发政策演变（1949～2005年）》⑥、王国良主编的《中国扶贫政策：趋势与

① 金炳镐：《民族理论与民族政策概论》（修订本），中央民族大学出版社，2006。
② 金炳镐、王铁志主编《中国共产党民族纲领政策通论》，黑龙江教育出版社，2002。
③ 何龙群：《中国共产党民族政策史论》，人民出版社，2005。
④ 杨昌儒：《民族政策学》，贵州民族出版社，1998。
⑤ 沈桂萍、石亚洲：《民族政策科学导论——当代中国民族政策理论研究》，中央民族大学出版社，1998。
⑥ 张磊：《中国扶贫开发政策演变（1949～2005年）》，中国财政经济出版社，2007。

挑战》①、高鸿宾的《跨世纪的扶贫开发工作》② 等。

以国家扶贫开发政策阶段性成果为研究视角的著作有：汪三贵编著的《贫困问题与经济发展政策》③、刘坚主编的《新阶段扶贫开发的成就与挑战》④、范小建主编的《扶贫开发形势和政策》⑤ 等。

三　关于我国少数民族地区扶贫开发工作的研究

少数民族地区的扶贫开发一直是我国扶贫开发工作的重点和难点。对于少数民族地区扶贫开发工作的研究经过多年的努力，已经初具规模。学者们主要是以西南、西北等民族地区为研究对象，经过深入的调查研究，或者以民族地区扶贫开发的成效为视角，或者以民族地区扶贫开发面临的问题为视角，分析了民族地区贫困现状、特殊性、致贫原因，总结了扶贫开发的成就和经验教训，进而提出了民族地区扶贫开发的新思路、新对策、新机制以及对策建议。

以少数民族地区扶贫开发经验和成效为研究视角的有：庄天慧著的《西南少数民族贫困县的贫困和反贫困调查与评估》，该书采用历史与现实、微观与宏观、理论和实证相结合的方法，深入调查了西南少数民族贫困县的贫困现状，分析了其致贫因素与贫困现状的特殊性，全面总结了近十年来西南少数民族贫困县的扶贫措施和经验；⑥ 刘维忠的《新阶段边疆少数民族地区农村扶贫开发模式与对策研究》提出了新形势下边疆少数民族地区农村扶贫开发模式的新思路、新机制和新对策；⑦ 此外，李忠斌、陈全功的《特殊扶贫开发政策助推少数民族脱贫致富：30 年改革回顾》⑧、李俊杰、李海鹏的《民族地区农

---

① 王国良主编《中国扶贫政策：趋势与挑战》，社会科学文献出版社，2005。
② 高鸿宾：《跨世纪的扶贫开发工作》，人民出版社，1999。
③ 汪三贵：《贫困问题与经济发展政策》，农村读物出版社，1994。
④ 刘坚主编《新阶段扶贫开发的成就与挑战》，中国财政经济出版社，2006。
⑤ 范小建主编《扶贫开发形势和政策》，中国财政经济出版社，2008。
⑥ 庄天慧：《西南少数民族贫困县的贫困和反贫困调查与评估》，中国农业出版社，2011。
⑦ 刘维忠：《新阶段边疆少数民族地区农村扶贫开发模式与对策研究》，高等教育出版社，2010。
⑧ 李忠斌、陈全功：《特殊扶贫开发政策助推少数民族脱贫致富：30 年改革回顾》，《中南民族大学学报》（人文社会科学版）2008 年第 6 期。

村扶贫开发政策回顾与展望》① 等学术论文，也总结了民族地区农村扶贫开发的历史进程及扶贫政策的调整过程，并分析了民族地区扶贫开发的现状与趋势。

　　以少数民族地区扶贫开发面临的问题为研究视角的有：张海洋的《扶贫发展要体现少数民族视角》认为，在设计少数民族地区的扶贫开发时要重视少数民族的主体性地位，不能包办代替，更不能抱有"去民族化"的发展观；② 别振宇的《关于少数民族地区扶贫政策的思考》认为，解决少数民族社会发展程度低、经济落后、贫困程度深问题的关键在于不断完善和创新我国少数民族地区的扶贫开发政策、提高扶贫开发水平，并提出了对策建议；③ 李庆涛的《新时期少数民族地区贫困问题及对策》分析了少数民族地区的贫困特征，认为新时期少数民族地区面临个人能力、就业增收、扶贫资金和扶贫项目四大突出问题；④ 史艳芳的《民族地区贫困与反贫困问题研究》探讨了少数民族地区贫困问题的新情况，并提出少数民族地区的贫困问题不只是经济问题，更是社会问题和政治问题。⑤

四　关于少数民族地区扶贫开发路径选择的研究

　　国内在少数民族地区扶贫开发路径选择的研究方面也取得了相当的成果。根据其研究视角，可以分为以下几个方向。

（一）关于扶贫开发中健全制度保障的研究

　　制度保障是实现少数民族贫困地区经济发展、社会进步、文化传承乃至生态优化的必要条件。在如何以制度作为保障，助推民族地区扶贫开发事业方面，学者们主要从社会保障制度、法律保障制度、人权保障制度等几个方面进行了比较深入的研究。以民族地区扶贫开发中的社会保障为研究视角的成果主要有谢冰主编的《贫困与保障：贫困视角下的中西部民族

　　① 李俊杰、李海鹏：《民族地区农村扶贫开发政策回顾与展望》，《民族论坛》2013 年第 5 期。
　　② 张海洋：《扶贫发展要体现少数民族视角》，《中国民族报》2012 年 2 月 17 日，第 6 版。
　　③ 别振宇：《关于少数民族地区扶贫政策的思考》，《湖北民族学院学报》2009 年第 4 期。
　　④ 李庆涛：《新时期少数民族地区贫困问题及对策》，《当代经济》2013 年第 2 期。
　　⑤ 史艳芳：《民族地区贫困与反贫困问题研究》，《经济研究导刊》2013 年第 28 期。

地区农村社会保障研究》，该书将中西部民族地区农村社会保障制度建设置于反贫困背景下，梳理了 1978～2008 年这 30 年间我国中西部少数民族地区扶贫开发政策的演进历程，并以社会养老保险为例，解析了中西部民族地区农村社会保障制度的可行性条件，进而对中西部民族地区农村社会保障水平给出了评估和建议。① 另外，戴卫东的《我国少数民族地区社会保障研究及其评价》②、胡阳全的《社会工作介入民族地区农村社区贫困问题的思考》③ 等论文，也深入论证了社会保障对于缓解少数民族地区贫困现状的积极作用和重要性。

以少数民族地区扶贫开发中的法律保障为研究视角的成果主要有：黄颂文、宋才发主编的《西部民族地区扶贫开发及其法律保障研究》，该书提出少数民族地区的扶贫开发是一项长期而艰巨的任务，只有正确而充分地运用法律手段，才能确保民族地区的扶贫开发政策具备稳定性和持续性；④ 柴阳的《立法机制在少数民族文化保护与扶贫开发博弈关系中的构建》解析了立法机制在少数民族地区的文化保护与扶贫开发博弈中的重要性，提出了完善少数民族地区扶贫开发立法机制的对策性建议。⑤

以少数民族地区扶贫开发中的人权保障为研究视角的成果主要有：韩彦东的博士学位论文《基于可持续发展的人口较少民族地区扶贫开发政策研究》，提出了基于可持续发展理念的人口较少民族的扶贫开发政策建议；⑥ 王平的文章《消除贫困与少数民族人权保障》，指出了扶贫开发是人类社会实现平等发展权的重要途径，而关注和消除少数民族地区的贫困问题则是实现民族平等的

---

① 谢冰主编《贫困与保障：贫困视角下的中西部民族地区农村社会保障研究》，商务印书馆，2013。
② 戴卫东：《我国少数民族地区社会保障研究及其评价》，《西南民族大学学报》（人文社会科学版）2012 年第 2 期。
③ 胡阳全：《社会工作介入民族地区农村社区贫困问题的思考》，《云南民族大学学报》（哲学社会科学版）2013 年第 4 期。
④ 黄颂文、宋才发主编《西部民族地区扶贫开发及其法律保障研究》，中央民族大学出版社，2006。
⑤ 柴阳：《立法机制在少数民族文化保护与扶贫开发博弈关系中的构建》，《社会科学辑刊》2013 年第 5 期。
⑥ 韩彦东：《基于可持续发展的人口较少民族地区扶贫开发政策研究》，博士学位论文，中国人民大学环境学院，2008。

基本要求；① 此外，焦若水的《民族妇女贫困：制度与文化的双重解释》②、刘春湘的《少数民族妇女反贫困与非营利组织的作用与优势》③、马东平的《社会性别视角下的少数民族妇女贫困问题研究》④ 等论文，以多维的视角关注了少数民族妇女的贫困问题。他们一致认为少数民族妇女通常是贫困群体中的最贫困者，而要实现可持续的、以人为本的和谐发展，推动少数民族妇女反贫困就显得尤为重要。

（二）关于扶贫开发机制创新和模式创新的研究

从机制创新和模式创新的视角研究少数民族地区的扶贫开发，是当前学术界的一个研究热点，其焦点在于如何创新现有的扶贫机制和模式，使少数民族地区在扶贫开发工作中更好地处理"输血"、"换血"和"造血"之间的关系，更加有效地提高民族地区各方面的自身发展能力与后劲。

以少数民族地区扶贫开发机制创新为研究视角的主要成果有：潘泽江编著的《中国特困民族地区农户脆弱性问题研究》，该书以特困民族地区贫困农户的经济脆弱性为研究对象，构建了民族地区脆弱性贫困的分析框架，为特困民族地区扶贫开发的制度创新提出了有价值的建议；⑤ 宋才发的《民族地区反贫困发展机制研究》⑥ 和张光雄的《少数民族地区农村反贫困中市场与政府作用的探讨》⑦ 两篇论文主要探讨了如何促使政府与市场有机结合，来创新少数民族地区的扶贫开发机制的问题；郭佩霞的《论民族地区反贫困目标瞄准机制的建构》⑧ 和匡远配的《新时期特殊类型贫困地区扶贫开发问题研究》⑨ 两篇

① 王平：《消除贫困与少数民族人权保障——以中国少数民族地区扶贫为例》，《人权》2010 年第 5 期。
② 焦若水：《民族妇女贫困：制度与文化的双重解释》，《青海民族研究》2006 年第 4 期。
③ 刘春湘：《少数民族妇女反贫困与非营利组织的作用与优势》，《中央民族大学学报》（哲学社会科学版）2009 年第 5 期。
④ 马东平：《社会性别视角下的少数民族妇女贫困问题研究》，《甘肃理论学刊》2011 年第 5 期。
⑤ 潘泽江：《中国特困民族地区农户脆弱性问题研究》，科学出版社，2007。
⑥ 宋才发：《民族地区反贫困发展机制研究——以新疆和田地区墨玉、策勒、洛浦三县为例》，《新疆师范大学学报》（哲学社会科学版）2010 年第 4 期。
⑦ 张光雄：《少数民族地区农村反贫困中市场与政府作用的探讨》，《云南行政学院学报》2004 年第 5 期。
⑧ 郭佩霞：《论民族地区反贫困目标瞄准机制的建构》，《贵州社会科学》2007 年第 12 期。
⑨ 匡远配：《新时期特殊类型贫困地区扶贫开发问题研究》，《贵州社会科学》2011 年第 3 期。

文章则主要从少数民族地区的特殊性出发，探讨了如何提高少数民族地区扶贫开发的瞄准度和效率的问题，并提出应在贫困标准、贫困人群识别方面建立指标与识别机制。

以少数民族地区扶贫开发模式创新为研究视角的主要成果有：赵昌文的《贫困地区可持续扶贫开发战略模式及管理系统研究》，该书精辟地论证了贫困地区如何选择适合自身的发展道路，如何制定科学的扶贫决策与规划，如何有效地使用扶贫资金，以及如何提高扶贫开发效率等一系列扶贫工作中的宏观和微观问题；[①] 高飞的《少数民族地区连片开发扶贫模式的实践与反思》，运用帕森斯 AGIL 功能分析模型，总结了少数民族地区"连片开发"试点工作成就，并提出少数民族地区的连片扶贫开发应更加注重当地的特殊性和地方性知识；[②] 周丽莎的《基于阿玛蒂亚·森理论下的少数民族地区教育扶贫模式研究》认为，在制定衡量贫困的指标体系时应加强对教育因素的重视，因为只有提升少数民族地区的自我发展能力，实现其"实质自由"，才能缓解能力贫困，最终达到完全摆脱贫困；[③] 王弘的《新时期少数民族地区旅游扶贫》认为，旅游扶贫作为一种"造血"式扶贫，具有强大的联动效益，对于旅游资源丰富的少数民族地区来说是一种有效的扶贫模式；[④] 杨小柳的《参与式扶贫的中国实践和学术反思》以"赋权"理论为依据，探讨了少数民族地区的参与式扶贫问题，提出应从"内源发展"、"参与并反思"和"关注地方性知识"三个方面推进参与式扶贫模式；[⑤] 涂裕春的《民族地区实施国际扶贫融资的途径及问题》提出，争取国际扶贫融资是助推少数民族地区扶贫开发的重要措施之一，应处理好国际援助资金的利用问题，这是有助于寻找少数民族地区参与国际扶贫融资的一条有效途径。[⑥]

---

① 赵昌文：《贫困地区可持续扶贫开发战略模式及管理系统研究》，西南财经大学出版社，2001。
② 高飞：《少数民族地区连片开发扶贫模式的实践与反思——以帕森斯 AGIL 功能分析模型为工具》，《云南民族大学学报》2013 年第 2 期。
③ 周丽莎：《基于阿玛蒂亚·森理论下的少数民族地区教育扶贫模式研究——以新疆克孜勒苏柯尔克孜自治州为例》，《民族教育研究》2011 年第 2 期。
④ 王弘：《新时期少数民族地区旅游扶贫》，《贵州民族研究》2013 年第 3 期。
⑤ 杨小柳：《参与式扶贫的中国实践和学术反思——基于西南少数民族贫困地区的调查》，《思想战线》2010 年第 3 期。
⑥ 涂裕春：《民族地区实施国际扶贫融资的途径及问题》，《内蒙古社会科学》2012 年第 2 期。

（三）关于少数民族地区扶贫开发与人力资源发展之间关系的研究

以文化、知识、教育匮乏为代表的人力资本贫困，是导致少数民族地区贫困的关键因素。目前，以少数民族文化教育发展和人力资本提升为对象展开研究而取得的成果也是相当丰富的，主要是从民族文化、民族教育两方面进行研究。民族文化方面，学者们一直认为应充分利用民族文化资源，进而围绕如何保护、传承、创新和开发民族文化等问题进行了探讨。民族教育方面，主要是围绕教育公平、师资队伍、基础教育、资金投入等问题进行了探讨。

以民族地区扶贫开发与民族文化关系为研究视角的成果主要有：王建民的《扶贫开发与少数民族文化》，该论文认为在少数民族地区的扶贫开发工作中，首先应建立起少数民族在扶贫开发和文化发展中的主体地位，只有充分利用其文化资源，才能有效应对扶贫中的挑战；[1] 刘丽君的《扶贫开发视角下的少数民族传统文化保护研究》认为发展和传承民族文化是少数民族地区扶贫开发中的重大问题；[2] 张欣的《少数民族地区文化扶贫中的政府作为》则探讨了政府如何在扶贫开发中更有效地承担少数民族文化的保护、开发及创新三个方面责任的问题。[3]

以少数民族地区扶贫开发与教育发展之间关系为研究视角的主要成果有：欧文福的博士学位论文《西南民族贫困地区的教育与人力资源开发》，该论文认为西南民族贫困地区的教育发展与人力资源开发的关键在于将教育产业发展与地区经济发展相结合，将普及九年制义务教育作为打好人力资源与教育发展的基础工程，并以"三教统筹"全面推进该地区的教育事业与人力资源开发；[4] 孙华的《关于我国民族地区教育扶贫攻坚的梯度思考》主要探讨了少数民族地区教育扶贫攻坚中如何拓宽资金来源、促进教育均衡发展等协调机制的

---

[1]　王建民：《扶贫开发与少数民族文化——以少数民族主体性讨论为核心》，《民族研究》2012年第3期。

[2]　刘丽君：《扶贫开发视角下的少数民族传统文化保护研究》，《法制与社会》2009年第32期。

[3]　张欣：《少数民族地区文化扶贫中的政府作为》，《理论探索》2013年第6期。

[4]　欧文福：《西南民族贫困地区的教育与人力资源开发》，博士学位论文，西南大学教育科学学院，2006。

建构问题；① 周毅的《民族教育扶贫与可持续发展研究》② 和张艾力的《论民族地区扶贫方略中的民族教育优惠政策》③ 两篇文章则提出少数民族地区的教育扶贫是实现教育公平的有效途径，是少数民族地区可持续发展的保障，因此必须建立确保教育公平的刚性保障机制和跟踪评估机制；周学桃的《谈少数民族贫困地区教育扶贫与教师队伍建设》，以少数民族贫困地区的师资力量为研究对象，强调了教师队伍在教育扶贫中的重要地位，提出了少数民族贫困地区教师队伍建设的对策性建议。④

（四）关于少数民族地区扶贫开发与生态环境保护之间关系的研究

恶劣的自然环境是影响少数民族地区脱贫致富的重要原因之一。少数民族地区的扶贫开发只有与当地的环境保护形成良性循环的局面，才能更有效率、更有可持续性地脱贫致富，最终达到人与自然的和谐发展。

该领域的主要研究成果有：尚明瑞的《扶贫开发与西北少数民族地区的生态恢复重建及环境保护问题研究》，以西北少数民族地区为研究对象，提出在少数民族地区应构建扶贫开发与生态保护的联动机制，以最终达到两者之间可持续的良性循环；⑤ 丁一的《运用"参与式"方法破解扶贫开发与环境保护的难题》提出，应运用"参与式"的新方法解决扶贫开发与环境保护之间的难题；⑥ 张灵静的《关于云南省生态环境建设与扶贫开发的思考》则提出，应采取建设生态工程、修复生态系统和打造生态旅游等措施，以综合解决云南省的贫困及生态环境恶化问题。⑦

五 关于云南省少数民族地区扶贫开发的研究

长期以来，云南省，尤其是其省内的少数民族地区是全国扶贫开发的重

---

① 孙华：《关于我国民族地区教育扶贫攻坚的梯度思考》，《黑龙江民族丛刊》2013 年第 3 期。
② 周毅：《民族教育扶贫与可持续发展研究》，《民族教育研究》2011 年第 2 期。
③ 张艾力：《论民族地区扶贫方略中的民族教育优惠政策》，《满族研究》2012 年第 3 期。
④ 周学桃：《谈少数民族贫困地区教育扶贫与教师队伍建设》，《民族教育研究》2002 年第 3 期。
⑤ 尚明瑞：《扶贫开发与西北少数民族地区的生态恢复重建及环境保护问题研究》，《社会科学战线》2011 年第 4 期。
⑥ 丁一：《运用"参与式"方法破解扶贫开发与环境保护的难题——以四川省小金县为例》，《西南民族大学学报》（人文社会科学版）2013 年第 10 期。
⑦ 张灵静：《关于云南省生态环境建设与扶贫开发的思考》，《云南农业大学学报》2013 年第 7 期。

点地区之一。多年来，学者们对云南省的扶贫开发问题进行了广泛而深入的专题研究。主要是对扶贫理论与实践、扶贫对策、减贫战略、小城镇建设等问题，从不同角度进行了实证性专题研究，尤其是在德昂族、莽人、克木人等人口较少群体的减贫、脱贫对策方面，进行微观研究，取得了令人瞩目的成果。

　　以云南省或该省少数民族地区的扶贫开发为研究对象的主要研究成果有：袁德政的《云南多民族特困地区脱贫致富研究》，该书以云南省 16 个相对贫困的少数民族聚居区为研究对象，对相关扶贫理论及实践进行了探索与总结；① 许树华主编的《云南农村贫困问题研究》，在经济学的视域下，从县域经济的角度对云南省的农村贫困问题和扶贫开发进行分析并提出了对策建议；② 葛珺沂主编的《云南省少数民族地区农村贫困问题研究》以云南省少数民族地区的地理环境和人文环境为切入点，利用发展模型对云南省红河州的贫困现状进行了分析，并为该地区的扶贫开发提出了对策建议；③ 刘学主编的《中国西南连片特困地区城镇化路径研究》认为，连片特困地区的城镇化对其未来的可持续发展具有十分重要的意义；④ 吕怀玉的《边疆民族地区减贫战略研究》通过严密论证得出结论，云南省的减贫战略需进行理念、目标、方式、机制和标准等多方面的创新；⑤ 杨东萱撰写的《德昂族整体脱贫研究》⑥、陈津云撰写的《云南布朗族（莽人、克木人）贫困与反贫困问题研究》⑦ 两本专著针对人口较少民族的整体脱贫问题提出了周密的对策性建议。

六　关于国外少数民族扶贫开发的研究

　　世界范围内，导致少数民族贫困的原因具有特殊性、多重性和复杂性，不

---

①　袁德政：《云南多民族特困地区脱贫致富研究》，云南人民出版社，1992。

②　许树华主编《云南农村贫困问题研究》，云南科技出版社，2012。

③　葛珺沂主编《云南省少数民族地区农村贫困问题研究》，知识产权出版社，2013。

④　刘学主编《中国西南连片特困地区城镇化路径研究——以滇东北为例》，云南科技出版社，2012。

⑤　吕怀玉：《边疆民族地区减贫战略研究》，博士学位论文，云南大学马克思主义研究院，2013。

⑥　杨东萱：《德昂族整体脱贫研究》，云南民族出版社，2012。

⑦　陈津云：《云南布朗族（莽人、克木人）贫困与反贫困问题研究》，云南民族出版社，2011。

同国家和民族之间存在较大差异，但毫无疑问，关于国外少数民族扶贫开发的研究成果及其研究方法，对本课题有着很多可资借鉴之处。

最早对贫困问题系统地进行调查研究的是 20 世纪早期的英国经济学家罗恩特里（B. Seebohm Rowntree），其代表作是《贫困：城市生活研究》（*Poverty*：*A Study of Town Life*）①。其后，反贫困理论被广泛应用于地区差距和社会公平等问题的研究，到 20 世纪五六十年代，对反贫困理论与实践问题的探讨进入了一个高峰期，这一阶段的重要著作列举如下：美国著名经济学家舒尔茨的《经济增长与农业》② 和《改造传统农业》③，认为人力资本是农业增长的主要源泉，发展中国家只有掌握科学知识，才能掌握经济发展的钥匙；瑞典学派创始人缪尔达尔的《亚洲的戏剧：南亚国家贫困问题研究》，详尽考察了南亚国家的贫困问题，认为人口、历史、文化和政治制度等非经济因素对社会经济的发展有重大的影响和作用；④ 阿马蒂亚·森的《贫困和饥荒》⑤ 与《衡量贫困的社会学》⑥ 两本著作探讨了如何通过调整社会经济与文化因素来防止饥荒发生或减轻饥荒危害的问题，他提出，应根据社会经济与文化条件差异性对不同社会群体产生的影响，来理解饥荒的产生与扩散。

总之，对于少数民族地区的扶贫开发问题，学术界已经开展了多视角、跨学科的综合性研究，取得了比较丰富的成果。但是，目前专门针对滇西边境少数民族贫困地区及其扶贫开发的研究与成果，在数量和质量上都存在很大欠缺，已有的研究基本上仅限于对滇西地区民族、历史和文化等基本情况的粗线条勾勒与探讨。笔者分别以精确方式和模糊方式，在中国知网等文献资料数据库进行了检索，但未能找到关于滇西边境少数民族贫困地区扶贫开发的专题研究成果，可见，这一专题研究有较大空间。如前所述，滇西边境少数民族贫困地区是云南省扶贫开发工作的重点地区，可见，不论是在国家战略层面，还是

---

① B. Seebohm Rowntree, *Poverty*：*A Study of Town Life*（London：Macmillan Publishers, 1901）.

② 〔美〕舒尔茨：《经济增长与农业》，北京经济学院出版社，1991。

③ 〔美〕舒尔茨：《改造传统农业》，商务印书馆，1987。

④ 〔瑞典〕冈纳·缪尔达尔：《亚洲的戏剧：南亚国家贫困问题研究》，首都经贸大学出版社，2001。

⑤ 〔印度〕阿马蒂亚·森：《贫困和饥荒》，商务印书馆，2001。

⑥ 〔印度〕阿马蒂亚·森：《衡量贫困的社会学》，改革出版社，1993。

在省级规划层面，滇西边境少数民族贫困地区都是扶贫工作的重中之重。因此，我们十分有必要对该地区的扶贫开发进行细致而深入的专题研究。

第四节　研究方法

一　文献研究法

文献研究法是社会科学领域最为常用的研究方法之一。它是研究者通过搜集文献、筛选文献、整理文献和研读文献等步骤，形成对研究对象的科学认知的过程，它能帮助研究者全面而深入地理解和掌握所要研究的问题。笔者在论文选题论证阶段搜集了大量相关文献，并根据所选课题对其进行了分析与归纳；在论文写作期间对文献进一步进行了筛选和研读，以期在尊重和继承前人所做研究的基础之上，有自己原创性的研究成果与创新。

二　辩证唯物主义的研究方法

辩证唯物主义的研究方法是理论与实践相结合的研究方法，包括：理论阐释为理解、分析和研究现实问题提供科学依据；现实问题的分析和研究反过来丰富和升华相应的理论阐释。本研究运用了这种辩证唯物主义的研究方法，其目的在于使得本研究能够更加全面而科学地阐释理论、分析问题和呼应实践，以保证本研究的理论价值和实践价值。

三　实证研究法

实证研究法是通过相对客观与系统的实料论证，达至对研究现象的实在、确定和精确认知的研究方法。本研究采用了这种实证研究法，即通过实地考察、调查问卷、个人访谈等方法，在系统而准确地掌握滇西边境少数民族贫困地区扶贫开发的真实状况与可靠材料的基础上，得出了一些普遍性的规律性的结论。

四　比较分析法

比较分析法是对人与人之间、物与物之间或问题与问题之间的相似性或相异性进行比较研究的方法。本研究运用了这种比较分析法，即依据所掌握的数据，对不同地区落实少数民族地区扶贫开发政策的情况进行了横向对比分析，也对滇西边境少数民族贫困地区不同历史阶段的扶贫开发情况进行了纵向对比分析，以期更加全面而准确地描摹该地区扶贫开发工作的历史与现状。

第五节　创新点与不足

目前，我国学术界针对连片特困少数民族地区的专题研究还很不充分，而与此相对的是，我国政府已经把新阶段扶贫开发的工作重点集中于连片特困地区，特别是少数民族聚居的连片特困地区。根据笔者所掌握的材料，当前国内关于滇西边境少数民族贫困地区扶贫开发的专题研究尚属空白，因而这一研究具有十分紧迫的学术需求和现实需求。本研究在较为全面准确掌握该地区扶贫开发的历史进程、所取得的成就等实际情况的基础上，深入总结了该地区扶贫工作的历史经验，分析了现阶段该地区扶贫开发所面临的问题与困境，进而探讨了进一步完善和深入推进当地扶贫工作的对策和建议。

针对这些问题和困境，本研究将滇西边境少数民族贫困地区及其少数民族贫困群众的多维度内在发展需求与扶贫开发工作的改进完善问题结合起来，重点聚焦在该地区少数民族贫困人口的能力素质提升，其参与扶贫开发各项权利的制度保障，以及扶贫开发的机制完善方面，并深度探讨了区内少数民族传统文化的保护开发与扶贫工作的紧密联系。本书论证了扶贫开发中充分发挥少数民族贫困群众主体性和能动性，组织其深度参与扶贫开发事业，是该地区长期可持续脱贫致富的前提和保障。基于以上内容，本书对区内新阶段的扶贫开发工作给出了具有较为长远眼光的总体原则和对策建议，以期为该地区新阶段的扶贫工作提供参考，进而为我国连片特困少数民族地区的扶贫开发研究贡献一份力量。

但是，由于实际困难，笔者仅选择了滇西边境少数民族贫困地区比较有代表性的州市县村进行调研，并未对该地区进行全面的实地调研，因此所掌握的实际材料还不够充分全面。另外，扶贫开发研究所涉及学科较多，因笔者水平有限，对相关问题的理论分析也不够深刻。

第一章
我国少数民族贫困地区扶贫开发政策概述

我国少数民族地区是贫困问题的集中区和高发区。从 1986 年至今的 30 多年来，我国政府为解决少数民族地区的贫困问题，坚持不懈地组织开展了大量的扶贫开发工作并取得了辉煌的成就。近年来，少数民族贫困地区的扶贫开发工作持续深入推进：2011 年，中央政府有针对性地提出了关于包含少数民族贫困地区在内的集中连片开发的扶贫新战略；2012 年，党的十八大提出了"到 2020 年全面建成小康社会"的奋斗目标，这意味着我国少数民族地区扶贫攻坚新的阶段性目标已经确定。

但是必须看到，我国少数民族贫困地区的形势依然十分严峻，距离全面实现小康还有很大差距。这些地区的贫困成因有着种种特殊的自然、文化与历史等方面的因素。我们在制定和实施少数民族贫困地区扶贫开发政策时必须考虑到这些因素，因为对少数民族扶贫开发特殊因素的考虑程度和对其特殊需求的满足程度，将直接影响到扶贫开发的成效。为了加快少数民族贫困地区的扶贫开发速度，提高其扶贫开发效率，党和政府多年来根据各少数民族的地域分布、民俗文化和历史传统等特征，制定和实施了一系列有针对性和倾斜性的扶贫开发政策。少数民族贫困地区的扶贫开发政策是党的民族政策的重要内容。这些政策不仅对于少数民族贫困地区的脱贫致富、对于全国扶贫开发任务的完成发挥了重要作用，而且对于我国经济、政治与文化等各方面的总体发展具有极其重要的意义和深远的影响。

第一节　我国少数民族贫困地区扶贫开发政策的
重要性与必要性

我国少数民族贫困地区的扶贫开发政策有其重要性和必要性。它是我国全面建成小康社会的客观要求，是我国走向共同富裕的重要举措，也是巩固我国民族团结的重要推力。可以说，我国少数民族贫困地区的扶贫开发政策，已经超出了经济政策与民族政策的作用范畴，其对我国新时期的总体发展具有战略性的文化意义与政治意义。

一 扶贫开发政策符合我国全面建成小康社会的客观要求

2012 年，党的十八大总结十六大以来全面建设小康社会所取得的成就，并在新的历史条件下提出了"到 2020 年全面建成小康社会"的奋斗目标[1]，同时第一次将全面建成小康社会确定为"实现中华民族伟大复兴中国梦的关键一步"。[2] 但是我国少数民族地区的贫困状况依旧严峻，如果不能及时解决这个问题，将会拖累全面建成小康社会目标的实现。可见，少数民族贫困地区的扶贫开发工作是我国实现全面建成小康社会目标的一个难题和关键，事关全局。全面实现小康社会目标 56 个民族一个都不能少，一个也不能落下。因此，通过新阶段的扶贫开发工作及其相关的政策与措施，减轻和消除少数民族地区的贫困状况，使这些地区实现跨越式发展，是我国实现全面建成小康社会目标的客观要求与紧迫任务。

二 扶贫开发政策是我国走向共同富裕的重要举措

邓小平曾经指出，"社会主义最大的优越性就是共同富裕"。[3] 党的十八大报告则明确指出，"共同富裕是中国特色社会主义的根本原则"，并且强调"必须坚持走共同富裕道路"。[4] 然而，当前我国区域间的发展差距仍在扩大，少数民族贫困地区的首要问题就是发展水平不高。这制约着各民族的共同进步。我们知道，少数民族贫困地区的扶贫开发对我国的发展战略全局具有特别重要的意义：着力加强少数民族贫困地区的扶贫开发，帮助其

---

[1] 胡锦涛：《坚定不移沿着中国特色社会主义道路前进，为全面建成小康社会而奋斗——在中国共产党第十八次全国代表大会上的报告》，人民出版社，2012，第 16 页。

[2] 《弘扬丝路精神，深化中阿合作》，《人民日报》2014 年 6 月 6 日。

[3] 《邓小平文选》第 3 卷，人民出版社，1993，第 364 页。

[4] 胡锦涛：《坚定不移沿着中国特色社会主义道路前进，为全面建成小康社会而奋斗——在中国共产党第十八次全国代表大会上的报告》，人民出版社，2012，第 15 页。

解决经济发展的瓶颈问题，充分释放这些地区的经济社会发展潜力，是关系到实现各民族共同繁荣发展、体现社会主义制度优越性以及巩固国家统一和民族团结的全局性、战略性课题。少数民族贫困地区的扶贫开发政策不但关乎贫困问题，更关乎民族地区安定、各民族大团结和最终实现共同富裕等政治问题。

三　扶贫开发政策是巩固我国民族团结的重要推力

所谓民族团结，指的是全国各族人民团结一心，共同为国家建设和中华民族的伟大复兴努力奋斗。但是，目前少数民族地区与经济发达地区间的发展差距依然很大，这个问题如果得不到及时的控制与缩小，两者间日益扩大的经济、文化、社会等方面的不平衡，很可能在民族地区滋生焦虑、消极甚至不满情绪。这些负面情绪一旦处理不好或未能及时安抚，容易引发有损民族团结的问题甚至激化民族矛盾，从而严重影响到我国的民族团结，乃至各民族共同繁荣发展。因此，我们应正视少数民族贫困地区的实际情况和发展现状，及时而全面地给予其所需要的扶持和帮助，尤其是政策支持，使其尽快脱贫致富、奔向小康。只有从根本上消除各民族在经济文化等方面的发展差距和事实上的不平等，才能从根本上消除影响我国民族团结的潜在矛盾因素，实现各民族的共同团结奋斗和共同繁荣发展。所以说，少数民族贫困地区的扶贫开发政策是我国民族团结的重要推力，它对于巩固我国团结互助的民族关系具有至关重要的意义。

第二节　我国少数民族贫困地区扶贫开发
政策的制定依据

我国少数民族贫困地区扶贫开发政策的制定，有着充分的理论依据和现实依据。理论依据主要是党的民族理论与民族政策的思想精髓；现实依据则主要是我国少数民族贫困地区的扶贫开发，是促进其全面发展、摆脱贫困的当务之急，也是最终实现各民族共同繁荣发展的必由之路。两者共同确证了我国少数民族贫困地区扶贫开发政策的合理性、必要性与迫切性。

一 我国少数民族贫困地区扶贫开发政策的理论依据

（一）中国共产党的民族平等理论

民族平等是马克思主义民族理论的基本原则，也是中国共产党的民族理论与民族政策的基石。根据马克思主义的民族理论，"民族平等是指不同民族在社会生活和交往联系的相互关系中，处在同等的地位，具有同样的权利；是指各民族在社会生活的各方面的地位、待遇和权力、利益的平等"。① 其核心是各民族间同等的地位和权利。

中国共产党在其历史上的第一份民族纲领中，就提出了基于民族平等原则解决中国民族问题的主张；在党的第一份国家宪法大纲《中华苏维埃共和国宪法大纲》中，也明确提出了民族平等的原则。自此，民族平等原则就与中国共产党人的伟大革命实践紧密相连。毛泽东系统论述了民族平等理论。其主要论点是承认国内各民族在一切权利上一律平等；承认各少数民族的平等自治权利；强调要实现民族平等就必须消灭剥削制度；汉族在民族平等方面有责任帮助少数民族；要在一切工作中坚持民族平等的原则。

新中国成立后，党和国家将民族平等以法律的形式加以确认和保障。改革开放后，邓小平进一步丰富了民族平等理论。他强调，我国的民族平等是全方位的、一切权利上的平等，包括政治、经济和文化等方面的平等。他提出，我国解决民族问题的政策是立足于真正的民族平等，要努力把帮助少数民族地区发展经济作为实现民族平等的核心内容。

以江泽民为核心的我党第三代领导集体的民族平等理论，进一步确立了我国民族平等原则的根本地位，明确指出"各民族不分大小、历史长短和发育程度高低，都应该一律平等"；② 各民族都享有政治、经济、文化、语言文字、风俗习惯与宗教信仰方面的平等权利；各民族谁也离不开谁，都应该积极地参与管理社会和国家的事务；坚决反对民族歧视。

进入 21 世纪，以胡锦涛为总书记的党中央领导集体在科学发展观的统领下，

---

① 金炳镐：《民族理论通论》（修订本），中央民族大学出版社，2007，第 480 页。
② 《江泽民文选》第 1 卷，人民出版社，2006，第 192 页。

提出"各民族不分人口多少、历史长短、发展程度高低，一律平等。国家为少数民族创造更多更好的发展机会和条件，保障各民族的合法权利和利益，各族人民都有义务维护宪法和法律的尊严"。① 该表述体现了民族平等原则在权利与责任两方面的内涵，其核心是彻底实现与不断巩固我国的民族平等。

党的十八大以来，习近平总书记一再强调党的民族平等原则与政策，并把民族平等同社会主义制度的优越性联系起来，强调我国各民族人民都是中华人民共和国中平等的一员，都是中华民族中骄傲的一员。他说："民族不分大小，都是中华人民共和国大家庭平等的一员，在中华人民共和国、中华民族大家庭中骄傲地、有尊严地生活着。"②

由于历史发展和自然环境等原因，我国少数民族贫困地区经济基础薄弱、发展水平滞后，相较于发达地区差距明显且有逐渐拉大的趋势。可见，少数民族经济平等权利的保障任重而道远，而经济平等在很大程度上决定着政治、文化和教育等方面平等权利的实现程度。因此，要实现真正的民族平等，要实现各民族不分大小、不论发展程度高低都享有同等的权利，就必须帮助少数民族发展政治、经济、文化和教育，使之迎头赶上发达地区；这就要求党和国家重视并积极改善我国部分少数民族及民族地区经济文化发展明显滞后的状况，在政策层面上进一步加大对少数民族的优惠力度，以逐步减少乃至消除各民族间的发展差距，实现各民族间的真正平等。反过来，各民族只有获得了真正的平等，才能有效地共同行使法律赋予他们的当家做主权利，才能在事实上享有平等的权利，才能促进社会主义民族关系的和谐发展。

总之，民族平等理论为我国少数民族贫困地区的扶贫开发政策提供了强有力的理论支撑。我国少数民族贫困地区扶贫开发政策充分体现了党的民族平等理论，是将这一理论付诸实践，扎实推进"实现各民族间事实上平等"原则的重要举措。

（二）中国共产党的各民族共同繁荣发展理论

中国共产党成立九十多年来，始终将各民族共同繁荣发展作为其制定与执

---

① 吴仕民：《中国民族理论新编》，中央民族大学出版社，2008，第 19 页。
② 《习近平：独龙族今后发展会更好》，http://www.politics.people.com.cn/n/2015/0121/c1001 - 26419709. htm/。

行民族纲领与政策的出发点、落脚点和最终目标。无数实践证明，各民族共同繁荣发展，是社会和谐稳定的重要保障，是我国各项事业发展的共同目标。

以毛泽东为核心的党的第一代领导集体，对各民族共同繁荣发展进行了深入的理论探讨，并开展了大量的实践工作。毛泽东关于民族发展的理论与政策，其核心是"让各少数民族得到发展和进步"，并将其看成"整个国家的利益"，"方针是团结进步，更加发展"；[①] 周恩来提出"在共同发展、共同繁荣的基础上，建立起我们宪法上所要求的各民族真正平等友爱的大家庭"。[②]

以邓小平为核心的党的第二代领导集体在吸取新中国成立后民族理论实践的经验与教训的基础上，丰富了各民族共同繁荣发展理论。邓小平于1988年在庆贺广西壮族自治区成立三十周年时题词"加速现代化建设，促进各民族共同繁荣"[③] 正是以邓小平为核心的党的第二代领导集体率先提出并实施了有组织的扶贫开发战略，这是实现各民族共同繁荣发展的重要途径。

以江泽民为核心的中国共产党第三代领导集体面对复杂多变的国内外形势，始终注重民族发展问题。江泽民指出，"推动各民族发展进步和共同繁荣不仅是经济问题，而且是个政治问题"。[④] 这一论述将对各民族共同繁荣发展的认识提到了一个新高度。在这一时期，"促进各民族的共同繁荣"被列为我国民族工作的主要任务。

新世纪新阶段，胡锦涛明确提出，"实现全面建设小康社会宏伟目标，就是要更好实现各民族共同繁荣发展"，"共同团结奋斗，共同繁荣发展，这就是我们新世纪新阶段民族工作的主题"。[⑤] 自此，各民族共同繁荣发展被列为民族工作主题，并被列入党的工作全局。在中国共产党第十八次全国代表大会上胡锦涛再次强调，要"牢牢把握各民族共同团结奋斗、共同繁荣发展的

---

① 金炳镐、王铁志：《中国共产党民族政策纲领通论》，黑龙江教育出版社，2002，第17页。

② 周恩来：《周恩来统一战线文选》，人民出版社，1984，第377页。

③ 《邓小平文选》第3卷，人民出版社，1993，第407页。

④ 《江泽民文选》第1卷，人民出版社，2006，第182~183页。

⑤ 国家民族事务委员会、中共中央文献研究室编《民族工作文献汇编（2003~2009年）》，中央文献出版社，2010，第2~3页。

主题"。①

党的十八大以来，习近平总书记更深层次地解释了各民族共同繁荣发展理论，多次强调"中华民族是一个命运共同体"，"一荣俱荣、一损俱损"，"增强民族团结的核心问题，就是要积极创造条件，千方百计加快少数民族和民族地区的经济社会发展，促进各民族共同繁荣发展"。②

各民族的共同繁荣发展，要求"各民族具有共同参与、共同分享的权利和机遇，具有共同繁荣的发展前途"。③ 只有发展才是解决一切问题的根本途径，也是解决我国民族问题的关键。因此，在我国的扶贫开发事业中，对少数民族地区给予政策上的倾斜及各方面的帮助，完全符合各民族共同繁荣发展的理论原则与实践要求，它是我国少数民族地区扶贫开发的必要保障。

二　我国少数民族贫困地区扶贫开发政策的现实依据

促进民族地区的发展进步关系到党和国家的发展全局。正如习近平强调的："我国是一个统一的多民族国家，如何认识这一'家底'是正确认识民族问题、做好民族工作的基本前提。"④ 他还明确指出，"处理好民族问题、做好民族工作，是关系祖国统一和边疆巩固的大事，是关系国家长治久安和中华民族繁荣昌盛的大事"。⑤ 另一方面，我国少数民族贫困地区大多生存环境恶劣、自然灾害频发、基础设施落后，其经济发展水平整体偏低且基础薄弱，这些现状严重影响着我国少数民族贫困地区的经济发展和全党工作全局。随着近年来区域发展不平衡的进一步加剧，少数民族贫困地区呈现贫困人口高度集中且贫

---

① 胡锦涛：《坚定不移沿着中国特色社会主义道路前进，为全面建成小康社会而奋斗——在中国共产党第十八次全国代表大会上的报告》，人民出版社，2012，第 29 页。

② 《筑就民族团结进步的中国梦——十八大以来以习近平同志为总书记的党中央关心少数民族和民族地区纪实》，中华人民共和国国家民族事务委员会网站，http://www.seac.gov.cn/art/2014/9/28/art_ 31_ 215382.html，2014 年 9 月 28 日，最后访问时间：2017 年 4 月 12 日。

③ 金炳镐：《民族理论通论》（修订本），中央民族大学出版社，2007，第 464 页。

④ 《筑就民族团结进步的中国梦——十八大以来以习近平同志为总书记的党中央关心少数民族和民族地区纪实》，中华人民共和国国家民族事务委员会网站，http://www.seac.gov.cn/art/2014/9/28/art_ 31_ 215382.html，2014 年 9 月 28 日，最后访问时间：2017 年 4 月 12 日。

⑤ 王正伟：《做好新时期民族工作的纲领性文献——深入学习贯彻习近平总书记在中央民族工作会议上的重要讲话》，《求是》2014 年第 20 期。

困程度较深的态势。对此，习近平总书记一针见血地指出，"民族地区同全国一道实现全面建成小康社会目标难度较大，必须加快发展，实现跨越式发展"①，并强调"要千方百计加快少数民族和民族地区经济社会发展，让民族地区群众不断得到实实在在的实惠"。② 因此，为少数民族贫困地区制定有针对性的扶贫开发政策具有非常重要的现实意义。

（一）少数民族贫困地区面积大

我国的少数民族地区既包括狭义上的民族区域自治地方③，也包括广义上的少数民族人口比例较大的八个省区④及其他少数民族聚居区。目前，我国90%以上的少数民族人口分布于贫困地区，因而通常将少数民族贫困视同于少数民族地区贫困。自从我国政府于1986年开展有针对性的扶贫工作以来，少数民族贫困地区一直被列为国家重点扶持地区。例如，1986年国家确定的331个国家重点贫困县中包含了141个民族自治地方；1994年《国家"八七"扶贫攻坚计划》确定的592个国家重点贫困县中包含了257个民族自治地方；2001年《中国农村扶贫开发纲要（2001—2010年）》确定的592个国家扶贫重点县中包含了267个民族自治地方；2010年《中国农村扶贫开发纲要（2010—2020年）》中确定的592个国家扶贫开发重点县中包含了265个民族自治地方。2011年，国家划定14个连片特困地区⑤作为扶贫攻坚的主战场，它们覆盖了全国绝大部分的贫困地区和深度贫困人口。这14个连片特困地区中，有9个是少数民族较为集中的地区，它们分别为：西藏、四省藏区、新疆南疆三地州、武陵山区、乌蒙山区、滇桂黔石漠化区、六盘山区、滇西边境山区和大兴安岭南麓山区。不难看出，我国的贫困地区已经越来越集中于少数民族地区，而且这些民族地区的贫困程度普遍较深，进一步深入推进扶贫开发工

---

① 王正伟：《做好新时期民族工作的纲领性文献——深入学习贯彻习近平总书记在中央民族工作会议上的重要讲话》，《求是》2014年第20期。
② 《习近平：坚决反对一切危害各民族大团结的言行》，新华网，http://news.xinhuanet.com/politics/2014–03/04/c_119605932.htm，2014年3月4日，最后访问时间：2017年4月12日。
③ 我国的民族区域自治地方包括5个自治区、30个自治州和120个自治县。
④ 民族八省区是指5个少数民族自治区以及云南、贵州、青海3个少数民族主要居住的省份。
⑤ 全国的14个连片特困地区包括明确实施特殊政策的西藏、四省藏区、新疆南疆三地州以及六盘山区、秦巴山区、武陵山区、滇西边境山区、乌蒙山区、吕梁山区、大别山区、罗霄山区、滇桂黔石漠化区、大兴安岭南麓山区、燕山–太行山区。

作难度相当大。

（二）少数民族贫困地区贫困人口多

以少数民族人口占比较大的民族八省区为例。从表 1 – 1 可以看出，2006 ～ 2013 年，民族八省区的农村贫困人口虽然呈现逐年减少的趋势，[①] 但其占全国农村贫困总人口的比重却呈现逐年增加的趋势，直到 2010 年才开始下降，且当年占比也高达 38.5%。这说明民族八省区的农村贫困人口规模十分庞大，而且少数民族地区与全国其他地区的区域间发展差距仍在进一步扩大。2011 年国家实行新的扶贫标准后，民族八省区的农村贫困人口占我国农村贫困总人口的比例虽然逐年下降，但其贫困人口的绝对数量依然庞大。

表 1 – 1　2006 ～ 2013 年民族八省区农村贫困人口及贫困发生率

指标	2006	2007	2008	2009	2010	2011	2012	2013
贫困人口（万人）	2090	1695.5	1585.5	1451.2	1034.0	3917	3121	2562
占全国的比重（%）	36.7	39.3	39.6	40.3	38.5	32	31.5	31.1
贫困发生率（%）	14.6	11.8	11.0	10.0	7.0	26.5	21.1	17.1
与全国相比高出（个百分点）	8.6	7.3	6.7	6.2	4.2	13.8	10.9	8.6

资料来源：2006 ～ 2010 年数据根据《中国农村贫困监测报告》整理得出，2011 ～ 2013 年数据根据国家民委网站公布的数据整理得出。

值得注意的是，我国的农村贫困人口越来越集中于少数民族地区，具体来讲，越来越集中于我国的西南少数民族地区。例如，根据国家民委公布的我国少数民族地区农村贫困监测结果，民族八省区 2013 年的农村贫困人口为 2562 万人，其中云南、广西、贵州三省区农村贫困人口为 2040 万人，占当年民族八省区农村贫困人口的比重高达 79.6%，占当年全国农村贫困总人口的四分之一。[②] 这充分表明了西南少数民族地区加快和深入推进扶贫开发工作的重要

---

① 2006 ～ 2010 年，民族八省区的贫困发生率降低了一半；2011 ～ 2013 年，民族八省区的贫困发生率也在以每年 5 个百分点的速度下降。

② 《2013 年民族八省区农村贫困人口比上年减少 559 万人》，中央政府门户网，http：// www.gov.cn/xinwen/2014 – 04/21/content_ 2663679.htm，2014 年 4 月 21 日，最后访问时间：2017 年 4 月 12 日。

性与紧迫性。

从社会全面发展的视角来看，如果将地区的文化教育水平、医疗卫生状况、文化娱乐设施乃至食品营养条件等诸多方面一并考虑，那么少数民族贫困地区的扶贫开发任务就更为艰巨。总的来说，我国的少数民族地区贫困面积大、贫困人口多且贫困程度深，由之引发的一系列问题很可能影响这些地区的经济发展、社会稳定乃至民族关系，因此，我国为少数民族贫困地区有针对性地制定扶贫开发政策，助推其又好又快发展，具有非常紧迫的现实需求和非常重要的战略意义。

第三节 我国少数民族贫困地区扶贫 开发政策的主要内容

党和政府一直十分重视少数民族贫困地区的扶贫开发，国家对少数民族贫困地区除了实行一般贫困地区的扶持政策外，还针对其特殊情况制定了一系列的专门优惠政策。

一 放宽对少数民族地区的扶贫标准及扶持范围

我国从扶贫工作一开始，就有针对性地放宽了少数民族地区的扶贫标准。1986～1993 年，我国政府开始在全国范围内展开有计划、有组织的大规模开发式扶贫。这一阶段国家公布的普通地区扶贫标准为农民人均年纯收入 150 元以下，而少数民族地区则提升为 200 元以下；进入 21 世纪，依据《中国农村扶贫开发纲要（2001—2010 年)》，2002 年国家公布普通地区扶贫标准为农民人均年纯收入 1300 元以下，而少数民族地区则提升至 1500 元以下。

除了放宽少数民族地区的扶贫标准，国家还通过多种方式和渠道，放宽对少数民族地区的扶持范围。在实施《国家八七扶贫攻坚计划》的阶段，中央政府按照我国贫困分布带的区域性特征划分了 18 个连片贫困地区，其中少数民族地区就占了 8 个之多；在实施《中国农村扶贫开发纲要（2001—2010 年)》的阶段，正值我国西部大开发战略的启动期，国家对未被列入西部大开发范围的民族自治县，均比照西部大开发相关政策给予扶持，并且西藏自治区被整体列为国家扶贫开发重点扶持对象；① 在实施《中国农村扶贫开发纲要（2011—2020 年）》的阶段，国家将连片特困地区作为扶贫攻坚的主战场，在划定的 14 个集中连片特困地区中，少数民族地区占了 9 个；此外，中央还将非连片特困地区的少数民族贫困县也纳入国家扶贫开发重点县的范围，例如海南省的保亭县、琼中县和白沙县等。

二 加大扶贫资金和金融信贷方面的倾斜

为了促进少数民族贫困地区的扶贫开发事业，中央政府加大了向少数民族地区的扶贫资金投入，其中包括国家扶贫资金和地方配套的扶贫资金。中央政府在分配扶贫资金及物资时，始终将少数民族贫困地区作为重点扶持对象，在其银行贷款规模、教育资金投入、农业生产资料、温饱工程和以工代赈等多个方面给予优先和照顾。以国家对民族八省区投入的扶贫资金为例：1994～2000 年共投入扶贫资金 432.53 亿元②，2006～2013 年共投入扶贫资金 758.4 亿元，占全国总投入的 40.6%。③

此外，中央政府还设立了少数民族专项扶贫资金。为了解决少数民族地区的温饱问题、加快民族贫困地区的经济发展，国家设立了多个专项扶贫资金。一种是少数民族贫困地区温饱基金。我国从 1989 年开始设立少数民族贫困地区温饱基金，基金来源一部分由国家财政安排支付，另一部分来自银行信贷。该基金由国家民委和财政部根据有偿使用、集中使用、分批解决和效益到户的原则，按照项目共同管理。1990～1993 年，少数民族贫困地区温饱基金的适用范围覆盖到当时我国 141 个少数民族贫困县中的 117 个，实施了 221 个扶贫开发项目。1994 年，国家将该基金的适用范围又扩大到 257 个少数民族贫困

---

① 中华人民共和国国务院新闻办公室：《中国的民族区域自治》，人民网，http://politics. people.com.cn/GB/1026/3206981.html，2005 年 2 月 28 日，最后访问时间：2017 年 4 月 12 日。

② 中华人民共和国国务院新闻办公室：《中国的农村扶贫开发白皮书》，《人民日报》2001 年 10 月 16 日，第 5 版。

③ 《中央民族工作会议精神学习辅导读本》，中华人民共和国国家民族事务委员会网站，http:// www.seac.gov.cn/art/2015/6/1/art_143_228926_51.html，2015 年 6 月 1 日，最后访问时间：2017 年 4 月 12 日。

县。另一种专项扶贫资金是少数民族发展资金。为帮助少数民族地区解决生产生活中的特殊困难，中央财政在1992年设立了少数民族发展资金。1992～1998年，该专项扶贫资金为有偿使用，1998年后改为无偿使用。1998～2006年，少数民族发展资金累计安排近40亿元用于少数民族地区的发展项目；① 2013年，该资金安排36.89亿元用于推进少数民族地区的各项发展。② 除以上两种资金之外，国家还设立了边境和少数民族地区教育补助费、西部地区少数民族广播电视工作补助，以及西部地区"两基"攻坚工程等一系列专项资金与项目。

中央政府还在金融信贷方面对少数民族贫困地区实行优惠政策。例如，为满足少数民族地区对民族特色生产生活用品的需求，国家从1997年起对民族贸易和民用品生产实行了优惠政策：对民族贸易企业实行低息低税，对民族贸易企业的农副产品和少数民族生产生活必需品实行价格补贴，等等。③ 不仅如此，国家对少数民族贫困地区给予信贷扶持政策，如对少数民族地区的乡镇企业给予专项贴息贷款，对无偿还能力的贫困户的扶贫贷款给予延期还款或停息挂账等优惠政策。

三 组织实施"东西扶贫协作"的对口帮扶

在帮助少数民族地区发展方面，国家利用东部发达地区的先富优势与综合发展优势，组织其对少数民族地区进行了对口帮扶。1996年国务院作出《关于尽快解决农村贫困人口温饱问题的决定》，确定了我国的对口帮扶政策，决定要求北京、上海、深圳和广东等9个东部省市与6个计划单列市，对口帮扶西部的内蒙古、云南、广西和贵州等11个贫困省区（见表1-2）。

---

① 国家民族事务委员会经济发展司、国家统计局国民经济综合统计司：《中国民族统计年鉴（2006）》，民族出版社，2007，第193页。

② 《推进民族地区扶贫开发，促进民族团结进步事业——专访国务院扶贫办负责人》，中华人民共和国国家民族事务委员会网站，http://www.seac.gov.cn/art/2014/9/23/art_8016_214857.html，2014年9月23日，最后访问时间：2017年4月12日。

③ 国家民族事务委员会经济发展司、国家统计局国民经济综合统计司：《中国民族统计年鉴（2002）》，民族出版社，2003，第269页。

表 1 - 2　"东西扶贫协作"对口帮扶关系

东部发达省市(援助方)	西部欠发达省份(受援方)	东部发达省市(援助方)	西部欠发达省份(受援方)
北京市	内蒙古自治区	浙江省	四川省
天津市	甘肃省	福建省	宁夏回族自治区
上海市	云南省	广东省	广西壮族自治区
辽宁省	青海省	大连、青岛、深圳、宁波	贵州省
山东省	新疆维吾尔自治区	厦门、珠海	重庆市
江苏省	陕西省		

资料来源：本表由笔者根据《中共中央关于制定国民经济和社会发展"九五"规划和2010年远景目标的建议》《关于尽快解决农村贫困人口温饱问题的决定》中相关内容整理得出。

除此以外，国家还组织中央机关、企事业单位定点帮扶了国家扶贫开发重点县，并且积极动员各民主党派、社会团体、民间组织以及国际发展援助机构等社会力量参与了民族地区的扶贫开发，同时支援民族地区开展了"希望工程""天使工程""光彩事业"等社会扶贫活动。

四　对人口较少民族进行重点扶贫

2004年5月，我国政府在全球扶贫大会上发布了《中国政府缓解与消除贫困的政府声明》，向世界承诺"加快全国22个人口较少民族（人口少于10万人）贫困地区的脱贫步伐，力争先于其他同类地区实现减贫目标"。[1] 2005年，国务院审议并通过了《扶持人口较少民族发展规划（2005—2010年)》，明确了重点扶持人口数量少于10万人的22个少数民族。2011年，国务院发布的《扶持人口较少民族发展规划（2011—2015年)》将我国人口较少民族界定为人口少于30万人的28个少数民族。根据规划，从2005年开始，国家在基础设施建设、扶持资金投入、社会事业发展、人才培训和对口帮扶等方面，对人口较少民族予以了重点倾斜。

---

[1]　金炳镐：《新中国民族政策60年》，中央民族大学出版社，2009，第69页。

第二章
滇西边境少数民族贫困地区扶贫开发工作历程与成就

滇西边境少数民族贫困地区地处我国西南边疆山区，是西南边疆政治、经济、文化和生态的"敏感地带"，区内聚居着多个少数民族。该地区扶贫开发的效果直接关系到本地区经济社会的可持续发展，关系本地区各民族的共同繁荣、共同富裕、共同进步和社会秩序的稳定。30 多年来，在云南省乃至全国的扶贫开发事业中，滇西边境少数民族贫困地区一直是重点、难点地区之一。该地区的扶贫开发工作在中央和省州市等各级政府的领导下，在当地各族人民的不懈努力下整体推进，已经取得了巨大成绩，积累了丰富经验。梳理滇西边境少数民族贫困地区扶贫开发工作的历程，总结其成就，可以帮助我们在新阶段的集中连片特困地区扶贫开发攻坚战中借鉴以往的成功经验，厘清工作思路，选择有效路径，加快实现既定目标。

第一节　滇西边境少数民族贫困地区概述

一　滇西边境少数民族贫困地区简况

滇西边境少数民族贫困地区位于云南省西部，位居横断山区南部和滇南山间盆地，处于澜沧江、怒江、金沙江和元江流域以及高黎贡山、怒山、无量山、哀牢山等山脉地带，是我国面向西南对外开放的重要前沿。《中国农村扶贫开发纲要（2011—2020 年）》按照"全国统筹、区划完整、集中连片、突出重点"的原则，根据国家发展全局与扶贫开发工作的需要，将贫困县较为集中的区域划分为集中连片特殊困难地区，确定将它们作为新阶段扶贫开发的主战场。同时加大对革命老区、民族地区、边境地区的倾斜和照顾的力度。国家扶贫开发部门在全国共划分了 14 个这样的集中连片特殊困难地区，其中位于云南省的分别是：迪庆藏区、滇西边境山区、乌蒙山区、石漠化区。根据此规划，滇西边境少数民族贫困地区被划入集中连片特殊困难地区，称为"滇西边境山区"①。滇西边境少数民族贫困地区（见表 2 - 1）总面积为 20.9 万平方公里，包括云南省 10 个州市的 56 个县，这 56 个县集中连片，均属特殊困难县市。其中有 6 个民族自治州、20 个民族自治县，19 个边境县，45 个国家扶贫开发工作重点县。至 2010 年年末，该地区总人口为 1751.1 万人，其中少数民族人口为 831.5 万人，乡村人口为 1499.4 万人。②

表 2 - 1　滇西边境少数民族片区地（市）县分布

地/州/市	下辖县/市/区	国家级贫困县
保山市	隆阳区、施甸县、龙陵县、昌宁县	3 个:施甸县、龙陵县、昌宁县
丽江市	玉龙纳西族自治县、永胜县、宁蒗彝族自治县	2 个:永胜县、宁蒗彝族自治县
普洱市	宁洱哈尼族彝族自治县、墨江哈尼族自治县、景东彝族自治县、景谷傣族彝族自治县、镇沅彝族哈尼族拉祜族自治县、江城哈尼族彝族自治县、孟连傣族拉祜族佤族自治县、澜沧拉祜族自治县、西盟佤族自治县	9 个:宁洱哈尼族彝族自治县、墨江哈尼族自治县、景东彝族自治县、景谷傣族彝族自治县、镇沅彝族哈尼族拉祜族自治县、江城哈尼族彝族自治县、孟连傣族拉祜族佤族自治县、澜沧拉祜族自治县、西盟佤族自治县
临沧市	临翔区、凤庆县、云县、永德县、镇康县、双江拉祜族佤族布朗族傣族自治县、耿马傣族佤族自治县、沧源佤族自治县	7 个:临翔区、凤庆县、云县、永德县、镇康县、双江拉祜族佤族布朗族傣族自治县、沧源佤族自治县
楚雄彝族自治州	双柏县、牟定县、南华县、姚安县、大姚县、永仁县	5 个:双柏县、南华县、姚安县、大姚县、永仁县
红河哈尼族彝族自治州	石屏县、元阳县、红河县、金平苗族瑶族傣族自治县、绿春县	4 个:元阳县、红河县、金平苗族瑶族傣族自治县、绿春县
西双版纳傣族自治州	勐海县、勐腊县	1 个:勐腊县

① 笔者认同《中国农村扶贫开发纲要（2011—2020 年)》中对滇西边境山区的行政区域划分。本书中滇西边境山区与滇西边境少数民族贫困地区的行政区域一致。为明确之，除转引文件外，统一使用"滇西边境少数民族贫困地区"称谓。

② 国务院扶贫开发领导小组办公室、国家发展和改革委员会:《滇西边境片区区域发展与扶贫攻坚规划（2011—2020 年)》，2012，第 11 页。

地/州/市	下辖县/市/区	国家级贫困县
大理白族自治州	漾濞彝族自治县、祥云县、宾川县、弥渡县、南涧彝族自治县、巍山彝族回族自治县、永平县、云龙县、洱源县、剑川县、鹤庆县	9个：漾濞彝族自治县、弥渡县、南涧彝族自治县、巍山彝族回族自治县、永平县、云龙县、洱源县、剑川县、鹤庆县
德宏傣族景颇族自治州	潞西市、梁河县、盈江县、陇川县	1个：梁河县
怒江傈僳族自治州	泸水县、福贡县、贡山独龙族怒族自治县、兰坪白族普米族自治县	4个：泸水县、福贡县、贡山独龙族怒族自治县、兰坪白族普米族自治县
合计	56个	45个

资料来源：共济：《全国连片特困地区区域发展与扶贫攻坚规划研究》，人民出版社，2013，第21页。

二 滇西边境少数民族贫困地区的主要特征

滇西边境少数民族贫困地区位于云南省西部，集边境地区和民族地区为一体，是全国 14 个集中连片特困地区中边境县数量和世居少数民族数量最多的地区。梳理该地区的区域特征主要是为了说明该地区的扶贫开发工作在全省乃至全国社会主义建设"一盘棋"中的重要地位。

（一）确保边疆稳定的前沿区域

滇西边境少数民族贫困地区位于我国西南边陲，是我国通往东南亚、南亚的重要陆路通道，边境线长达 3148 公里，分别占云南省陆地边境线长度的 77.5% 和全国的 13.8%。19 个边境县分别与缅甸、老挝、越南等国接壤，多数边境地段无天然屏障。此外，该地区有 16 个少数民族跨境而居，其中有的民族与邻国部分民族为同宗同源的"亲缘民族"，在语言文化、生活习惯、心理认同、民族性格、宗教信仰等方面有诸多相似或共通之处。这些跨境民族在历史上就与周边国家有着相当密切的经贸、文化等方面的联系和交往，乃至存在通婚现象。这决定了滇西边境少数民族贫困地区在我国国防建设和地缘政治格局中的重要地位。该地区的稳定，不仅有利于巩固祖国统一、边疆稳定、国防建设，有利于增强抵御外部势力渗透的能力，而且有利于与邻国睦邻友好、共谋发展，具有极为重要的政治、经济、军事以及长远的国家战略意义。

（二）促进民族和谐的重要区域

滇西边境少数民族贫困地区是全国 14 个集中连片特困地区中民族自治地方最多、实行区域自治的少数民族成分最多的地区，是云南省少数民族最集中的地区，拥有 6 个少数民族自治州、20 个少数民族自治县，有彝族、傣族、白族、景颇族、傈僳族等 25 个世居民族，其中包含白族、哈尼族、傣族等 15 个云南省特有少数民族，在这 15 个民族当中又有怒族、普米族、阿昌族等 8 个人口较少民族。另外，25 个世居民族中还有壮族、彝族、苗族、哈尼族等 16 个跨境少数民族。

由于滇西边境少数民族贫困地区处于横断山区南部和滇南山间盆地的高山峡谷之间，相对高差较大，各民族的聚居区呈现马赛克式的交错地域分布，有着"一山不同族"的分布格局。虽然各民族间交错杂居，但同一民族大多聚居于同一村寨。在日常生活中，不少民族保持了较为完整的民族语言和文化风俗习惯。比如，彝族的火把节、傣族的泼水节、白族的三月街等均具有鲜明的民族特征。此外，由于历史和地理因素，滇西边境少数民族贫困地区形成了带有地域性和民族性特征的、多元和多层次的宗教文化。各少数民族受到了佛教、伊斯兰教、天主教、基督教、道教和原始宗教等不同宗教文化的混合影响，且影响比较广泛、深刻。

总之，滇西边境少数民族贫困地区的民族文化具有彼此交织、错综复杂的特性。也正因此，该地区是关系到云南省乃至全国巩固社会主义民族关系、加强民族团结祖国统一、促进各民族共同繁荣发展与和谐相处的重要战略性区域。

（三）实现统筹发展的难点区域

在全国 14 个集中连片特困地区中，云南省涉及 4 个片区，共计 91 个县（市、区），数量居全国各省之首。滇西边境少数民族贫困地区共计有 56 个县（市、区），占云南省片区县（市、区）总数的 61.5%。另外，云南省 73 个国家级重点扶贫县中，滇西边境少数民族贫困地区占 45 个县，占总数的 61.6%。可见，该地区是云南省乃至全国贫困地区扶贫开发工作的重中之重。按照 2011 年规定的人均收入 2300 元扶贫标准，2011 年滇西边境少数民族贫困地区有扶贫对象 424 万人，贫困发生率为 31.6%，高出全国平均数 18.9 个百分点；地区人均生产总值仅相当于全国平均水平的 37%；城镇居民人均可支配收入仅相当于全国平均水平的 71%；农民人均年纯收入比全国水平低 2613 元，比全省平均水平低 646 元。[①] 可见，滇西边境少数民族贫困地区的人民生活水平普遍较低，呈现贫困程度深、贫困范围广的特征。不仅如此，历史上该地区部分少数民族特别是一些人口较少的民族，直接从原始社会末期、奴隶社会初期过渡到社会主义社会，其经济基础薄弱，社会文化发展滞后，有的民族尚处于整体贫困状态。以上数据和情况表明，滇西边境少数民族贫困地区是云南省区域经济发展的短板地带，是该省实现全面建成小康社会，实现区域经济协调发展的难点区域。该地区扶贫开发工作的成效及其进展，将关系到全省乃至全国扶贫开发目标能否按期实现，关系到全省乃至全国经济社会发展战略目标能否圆满完成。

（四）保护生态安全的核心区域

滇西边境少数民族贫困地区处于横断山脉的纵谷地带，该地区的生态环境和物种资源具有多样性、脆弱性和不可逆转性。纵横交错的河网水系、复杂险峻的地质地貌与变化多样的气候条件，使这一地区成为中国和世界生物物种高度富集的地区。区域内大量蕴藏着具有较高战略经济价值的动植物物种资源，它们是我国战略资源的重要组成部分。另外，该地区虽然物种丰富，但其种群数量往往极少，且大多对生存环境要求极高。该地区生态环境十分脆弱，极易受到自然灾害和人为因素的破坏。这一地区海拔较高、地貌复杂、山高坡陡且土地贫瘠，因此，该地区生态植被恢复和演替速度极慢，往往具有不可逆转性。

滇西边境少数民族贫困地区是长江、怒江和澜沧江的上游生态屏障，也是我国西南生态安全的天然屏障，更是中国内陆生态安全的重要屏障。该地区生态环境的优劣，直接关系着重要河流的水资源变化形势、径流稳定情况和全球气候变化。长期以来，该地区普遍存在的贫困现象，以及与之相关的落后生产

---

① 国务院扶贫开发领导小组办公室、国家发展和改革委员会：《滇西边境片区区域发展与扶贫攻坚规划（2011—2020 年）》，2012，第 10 页。

方式、粗放发展模式和忽视生态保护的落后意识，使得该地区的生态环境已经并继续遭受严重破坏，生态环境保护的任务格外艰巨。因此，在该区域内处理好生态环境与经济发展之间的关系，维护好该地区的生物多样性和生态环境天然屏障，对当地、全省、全国乃至全球都具有十分重要的意义。

三　滇西边境少数民族贫困地区的贫困特点及民族关系特点

滇西边境少数民族贫困地区是典型的边境地区、少数民族地区和贫困地区，它具有在贫困区域上集中连片范围广、在贫困形态上综合性贫困与复合型贫困相互交织、在地理位置上处于边境边疆地带、在民族关系上民族成分多且情况复杂等基本特点。

（一）在贫困区域上集中连片范围广

滇西边境少数民族贫困地区在地理分布上，呈现点（贫困村）、线（民族贫困带）、片（特殊贫困片区）连接成片的特点，也就是将云南省西部山区几乎全部贫穷落后的农村都连接成一个广大区域，形成了一个面积较大的区域性贫困地区。该地区少数民族贫困人口主要分布于横断山高寒贫困类型区、哀牢山类型区、边境民族贫困类型区、三江干热河谷贫困类型区和革命老区等，涉及 10 个州市的 56 个集中连片特殊困难县市区，具有极强的集中连片性。该地区包括自然条件恶劣、缺乏生产生活条件的高寒型贫困区，如怒江州和丽江市的 8 个县；也有光热水土条件好，但生态环境脆弱、开发程度不高、产业结构不合理的生态脆弱型贫困区，如临沧市、普洱市的 14 个县；还有交通闭塞、自然条件复杂、资源开发不合理、生产力水平偏低的横断山区贫困类型区，如保山市、大理州和楚雄州的 21 个县。此外，该地区还属于革命老区，基础设施总体十分薄弱。可见，该地区少数民族贫困人口集中、贫困程度深、致贫原因复杂，因而扶贫难度大。

（二）在贫困形态上普遍存在综合性、复合型贫困

滇西边境少数民族地区在云南省是典型的"老少边穷"区域。该地区贫困程度深、发生率高、持续时间长，扶贫对象规模大、人数多，贫困人口既集中又分散，即贫困人口主要集中分布于自然环境较为恶劣的少数民族聚居区，然而同一区域内的不同民族又各自分散居住，形成该地区区域性贫困、群体性

贫困与个体性贫困并存的综合性贫困状态，且贫困程度相当严重。以 2011 年为例，滇西边境少数民族贫困地区 10 个州（市），农村的绝对贫困发生率从高到低分别为：怒江傈僳族自治州（21.7%）、普洱市（14.5%）、临沧市（9.6%）、红河哈尼族彝族自治州（8.3%）、德宏傣族景颇族自治州（6.8%）、丽江市（6.8%）、西双版纳傣族自治州（6.7%）、大理白族自治州（5.7%）、楚雄彝族自治州（4.7%）、保山市（4.6%）。[①]

此外，该地区的贫困往往是复合型贫困，即物质贫困、知识贫困、精神贫困、信息贫困等各种贫困类型彼此重叠相加在一起。这种复合型贫困造成了贫困人口经济上的困窘性、文化上的封闭性及其贫困的代际传递性；贫困人口个人文化素质低、思想观念陈旧、获取信息难、经济发展能力不足，且易受种种不利因素影响；复合型贫困也意味着贫困人口的抗风险能力薄弱，因重大疾病或气候地质灾害而造成的返贫率很高。贫困的严重性与复合性叠加，使该地区的扶贫开发事业面临极大的困难和挑战。

（三）在地理位置上处于边境边疆地带

滇西边境少数民族贫困地区是我国通往东南亚和南亚的重要陆路通道，边境线长达 3148 公里，19 个边境县分别与缅甸、老挝、越南等多国接壤，构成我国西南国土边防的第一线。整个边境地区除少数几个口岸城市外，绝大部分地区开发程度很低，甚至尚未开发。另外，这些边境地带多由低矮的山脉相连，小道、便道多，给非法越境者提供了方便条件。改革开放以来，边境地区的中外经贸往来日益密切，人员沟通也日趋频繁。而且不少民族历来跨境而居，在历史文化上同文同种同宗教，怀有不可割舍的民族情结。这种种因素使得该地区的非传统安全问题尤为突出。滇西边境少数民族贫困地区的贫困问题，与该地区的民族问题、宗教问题、边境问题相交织，变得十分复杂。边境问题如果处理不好，就容易引发民族冲突，也容易被别国利用。

（四）在民族关系上民族成分多且情况复杂

滇西边境少数民族贫困地区是在云南省内乃至全国集中连片特困地区中少

---

① 国务院扶贫开发领导小组办公室、国家发展和改革委员会：《滇西边境片区区域发展与扶贫攻坚规划（2011—2020 年）》，2012，第 10 页。

数民族人口最集中的地区之一。以 2010 年为例，全省少数民族人口为 1545.18 万人，其中滇西边境少数民族贫困地区少数民族人口达 831.5 万人，占全省少数民族人口的 53.8%；全省共有 29 个少数民族自治县，其中滇西边境少数民族贫困地区占其中 20 个。滇西边境少数民族贫困地区聚居着 16 个沿边跨境民族，其总人口达 189.84 万人，其中贫困人口为 100.1 万人，贫困发生率为 52.7%；8 个人口较少民族总人口为 38.3 万人，其中贫困人口达 26 万人，贫困发生率为 67.9%；12 个"直过区"少数民族[①]中贫困人口有 138 万人，贫困发生率高达 91.1%；[②] 尤其是拉祜族、佤族、傈僳族、景颇族 4 个民族，以及勒墨人、昆格人、俐侎人、山瑶人等 8 个群体基本处于整体特困、极端贫困状态。

该地区少数民族种类多，而且主要分布于环境比较恶劣的高寒山区，自然灾害严重，生活环境封闭，与其他民族的交往较少，这些因素限制了该地区的发展。在民族文化上，该地区少数民族保持着重请客礼祭的风俗习惯，而经商观念和资本积累意识淡薄，这对当地经济发展也产生了不良影响。区域内残存着原始的生产生活方式，文化教育落后，人口素质不高，例如部分"直过区"民族还保留着"刀耕火种"的生产方式。当地居民的生产生活缺乏科学合理的规划管理，这严重制约着其经济社会的发展。

总之，滇西边境少数民族贫困地区民族关系十分复杂，民族种类多，文化差异大，发展不平衡，各民族之间在利害关系上容易产生摩擦、矛盾，甚至冲突。因此，民族工作的任务较重。

综上所述，滇西边境少数民族贫困地区的贫困情况具有明显的特殊性、复杂性，造成其贫困的原因又是多方面的，既有地理的、气候的、自然的因素，也有历史的、人文的、观念的因素；既有客观方面、物质方面的因素，也有主观方面、精神方面的因素。其贫困状态、表现形式也不尽一致。在民族关系上，情况特殊，问题复杂。因此，扶贫开发工作难度大、任务

[①]　"直过区"少数民族是指 20 世纪 50 年代初期，中国共产党及中央人民政府帮助云南省还处于原始社会末期或刚刚进入阶级社会的少数民族，使其直接但逐步地过渡到社会主义社会，其中包含了该地区 25 个世居少数民族中的 20 个以及克木人。

[②]　云南省政府研究室：《云南经济年鉴（2011）》，云南人民出版社，2011，第 255~278 页。

重，必须采取特殊的倾斜政策，投入更多的人力财力，下更大力气，花更多工夫，大力促进该地区脱贫致富的步伐，使他们得到跨越式发展，只有这样才能保证该地区各族人民与全国各族人民一起走进全面小康社会，走共同富裕的道路。

第二节　滇西边境少数民族贫困地区扶贫开发工作历程[①]

改革开放以前，国家按照"慎重稳进"的方针，以"依赖集体、依赖群众，通过生产自给自足，国家提供必要的福利救助"为原则，采取救济式扶贫方式，对特殊贫困群体，以革命老区、民族地区、沿边地区为重点，发放生产生活、医疗卫生必需品，救济了贫困人口。这一时期的"输血式"扶贫解决了贫困人口的燃眉之急，取得了阶段性成果，为日后的扶贫开发工作奠定了基础。但是，这种"输血式"扶贫的效果难以长期维持，贫困人口需要不断"输血"，甚至依赖"输血"，而缺乏自我"造血"能力。区域性贫困地区此问题尤为突出。中共十一届三中全会以来，国家开始实施有计划、有组织、大规模的扶贫开发，将扶贫与开发相结合，进入了更高阶段的扶贫，即从救济式、"输血式"扶贫转向开发式、"造血式"扶贫。

30多年来，滇西边境少数民族贫困地区作为国家级和省级扶贫开发重点区域，其扶贫历程大致走过了五个阶段。每个阶段互为条件、各具特点、相互影响。本研究将以这五个阶段为主线，回顾滇西边境少数民族贫困地区扶贫开发工作的历程。

第一阶段（1978～1985年）：救济式扶贫

这一阶段是扶贫开发的起步阶段。按照1985年中国农民人均年纯收入低于200元的贫困县划分标准，这一阶段云南省有45个贫困县。为了加快贫困

[①] 滇西边境少数民族贫困地区扶贫开发历程的基本情况材料、数据均系参考云南省扶贫开发领导小组办公室、楚雄彝族自治州扶贫开发领导小组办公室、保山市扶贫开发领导小组办公室材料和笔者2014年调研所得材料。

地区的经济发展，尽快改变贫困地区面貌，中央和云南省及贫困地（州、市）县成立了扶贫开发领导小组及其办事机构，建立了各级党政"一把手"和相关部门负责的扶贫开发责任制，并将农村扶贫工作纳入地方国民经济和社会发展的总体计划中。同时，划分贫困的标准，界定扶持的范围和对象，不断增加扶贫投入，制定优惠政策，从思想上、领导上、投入上、政策上大力帮助了贫困地区。1979 年，党中央建立了"老、少、边、穷"地区发展基金。1984 年9 月，中共中央国务院发出《关于帮助贫困地区尽快改变面貌的通知》，提出有针对性地集中力量解决 18 个连片贫困地区的扶贫问题。1984 年云南省政府制定《云南省贫困地区有关税收问题的若干规定》，在税收方面对贫困地区实行了倾斜政策。这些扶贫政策和改革措施，广泛调动了贫困地区农民的生产积极性，提高了贫困地区农民的收入，农村贫困家庭普遍受到救济，农村贫困问题得到了有效缓解。到 1985 年年末，云南省贫困人口减少了 34%。但是，云南省的贫困面积大、人口多、程度深，加之贫困地区很多与外界封闭、半封闭，社会经济发展对农村的涓滴效应没有其他地区明显。此时云南省农村仍有1200 万贫困人口。总体上说，这一阶段的扶贫工作依然是以救济性扶贫为主，开发式扶贫还未能普遍开展起来。

第二阶段（1986 ~ 1993 年）：以解决绝对贫困户温饱为主的扶贫

这一阶段我国地区间发展不平衡的情况开始凸显，民族地区与中东部地区的经济发展差距逐渐扩大。一部分贫困地区、贫困人口面临被边缘化的危险。因此，党中央开始着手政府主导的专项扶贫。1986 年，国务院成立扶贫办，这标志着中国的扶贫工作已经进入制度安排的阶段，扶贫工作走向制度化、组织化、社会化，走向开发为主、救济为辅的阶段。这样中国的扶贫工作进入了一个新的历史阶段。在这一时期，国务院扶贫办将"老、少、边、穷"地区的脱贫致富列入"七五"（1986 ~ 1990 年）计划中，并对国家重点扶贫县的标准作出了具体规定：一般贫困县人均年收入为 150 元以下，民族自治县为150 ~ 200 元，革命老区为 300 ~ 350 元。按此规定，云南省共有贫困县 41 个，其中 26 个是国家级扶贫工作重点县，15 个是省级重点扶贫县，贫困人口共计

1212万人，贫困发生率高达40.1%。以滇西边境少数民族贫困地区的保山市和楚雄州为例，按照这一时期的标准，保山市龙陵县和楚雄州的武定县、双柏县均被列入全省41个省级贫困县的范畴。根据省委、省政府《关于上报1985年贫困乡调查表的通知》精神，以乡①为单元划定扶持范围，经普查，相关部门认定保山市共有351个贫困乡，贫困人口为90万人，楚雄州共有602个贫困乡，贫困人口为85.35万人。

1987年，国务院又发出了《关于加强贫困地区经济开发工作的通知》，确定了开发式扶贫的方针，在全国开始了有计划、有组织、大规模的政府专项扶贫行动。1986年3月，云南省成立了省政府扶贫办，各地（州、市）县也成立了扶贫工作领导小组及办公室。同年，中共云南省委、云南省人民政府发布了《关于切实加强贫困地区工作，尽快解决温饱问题的决定》《关于组织省级有关部门到贫困面大的三十八个县进行调查研究的通知》。在这一阶段，省政府不断加大扶贫资金投入，并组织省级各部门和单位对41个贫困县定点挂钩扶贫，共68个省级机关单位与41个贫困县建立了挂钩扶贫关系。1990年，美国福特基金会在滇西福贡县珠明琳、滇南江城县明子山、滇东南广南县安玉、滇东北镇雄县老包寨四个行政村开展了"云南省贫困山区综合开发试验示范与推广项目"，较早地提出以贫困村为单位进行扶贫。

这一阶段以政府为主导，在社会各界的广泛参与下，主要解决了贫困地区绝对贫困户的温饱问题。同时，开发式扶贫在全省贫困地区得到推广，并配套实施了温饱工程、基础设施改善等项目建设，增强了贫困户自我积累发展的能力。其结果是，云南省贫困人口实现了两次大幅度下降，第一次是由1986年的1212万人减至1990年的860万人，贫困发生率下降到28.5%；第二次是由1990年的860万人减至1995年的783万人，贫困发生率下降到22.9%。以滇西边境少数民族贫困地区的保山市和楚雄州为例，在这两次贫困人口大幅度下降的过程中，保山市和楚雄州的贫困人口分别从1986年的90万人和85万人下降到1994年初的63万人和50万人。

---

① 这里的乡是指区改乡前的行政村级乡。

第三阶段（实施《国家八七扶贫攻坚计划》阶段）（1994～2000年）：以扶贫到户为主

在这一阶段，针对我国贫困人口越来越集中于高寒山区、革命老区、少数民族地区以及边疆地区的情况，国务院提出了力争用7年时间基本解决全国农村8000万贫困人口温饱问题的目标，出台了中国历史上第一个纲领性扶贫文件《国家八七扶贫攻坚计划》，强调这一阶段的扶贫对象以贫困户为主，采取"进村入户"的方式把扶贫资源直接送到贫困户手中。1996年国务院又颁布了《关于尽快解决农村贫困人口温饱问题的决定》，提出为尽快解决农村贫困人口的温饱问题，要进一步加大扶贫工作的支持力度。其间，国家把1992年人均年纯收入低于400元的县统一纳入国家扶贫开发重点县，全国共划出592个扶贫开发重点县，其中云南省有73个［包括滇西少数民族贫困地区7个地（州）的50个县（市）］，居全国各省区贫困县数量之首。这一阶段，云南省委、省政府根据中央的要求，结合云南省实际制定并实施了《七七扶贫攻坚计划》，承诺在20世纪的最后7年里完成帮助700万贫困人口实现脱贫的任务。以滇西边境少数民族贫困地区的保山市和楚雄州为例，保山市委制订"六六扶贫攻坚计划"，计划用6年时间，解决全市农村63万名贫困人口的温饱问题；楚雄州委制订了"五七扶贫攻坚计划"，计划用7年时间，解决全州农村50万名贫困人口的温饱问题。另外，中共云南省委、云南省人民政府还出台了《关于打好扶贫攻坚战，确保"九五"基本脱贫的决定》《关于确定506个扶贫攻坚乡的通知》等一系列扶贫工作文件。全省确定了506个扶贫重点攻坚乡，决定坚持开发式扶贫和扶贫到户的方针，实行党政"一把手"扶贫责任制，加强社会帮扶力度。在实施国家"八七扶贫攻坚计划"、云南省"七七扶贫攻坚计划"、保山市"六六扶贫攻坚计划"和楚雄州"五七扶贫攻坚计划"的7年时间里，云南省的绝对贫困人口由1993年的783万人减少到2000年的405万人，贫困发生率下降到11.3%，保山市的绝对贫困人口由1994年年初的63万人减少到2000年的14.5万人，楚雄州的绝对贫困人口由1994年年初的50万人减少到2000年的8.2万人。可见，以扶贫到户为主的扶贫开发攻坚工作取得了明显的成效。但是，由于2000年国家提高了扶贫标准，云南省的绝对贫困人口在新标准下反弹至 1022.1 万人，保山市和楚雄州分别反弹至 80 万人和 78.6 万人。

第四阶段（实施《中国农村扶贫开发纲要（2001— 2010年）》阶段）：综合性整村推进

这一阶段我国扶贫开发工作进入新世纪和新阶段。党中央针对贫困问题呈现的新形势、新特点，制定和实施了《中国农村扶贫开发纲要（2001— 2010 年）》。纲要将扶贫开发工作任务从解决温饱问题，调整为解决温饱与巩固温饱并重；工作对象扩大为绝对贫困人口加低收入人口；扶贫的区域对象细化为 148051 个贫困重点村，覆盖了贫困人口总数的 83%；将扶贫开发的工作重点由一家一户转变为整村推进；采取扶贫重点下移，强调到村到户，提高扶贫资金和扶贫项目对贫困人口的覆盖率；动员社会各界力量积极参与扶贫开发。由此形成了政府多部门联动、多政策配套、社会各界多方参与的"大扶贫"格局。

云南省根据国家扶贫开发纲要和中央相关政策，结合自身特点，制定了《云南省农村扶贫开发纲要》，出台了《关于加快新时期扶贫开发工作的决定》《关于实施"兴边富民工程"的决定》《关于采取特殊措施加快我省 7 个人口较少民族脱贫发展步伐的意见》等一系列扶贫文件，进一步完善了扶贫开发工作的相关政策措施。此阶段扶贫开发工作的政策措施主要有以下几个方面。云南省确定农民人均纯收入低于 825 元（国家标准 865 元）为低收入贫困人口，低于 560 元（国家标准 625 元）为绝对贫困人口。将全省 405 万特困人口列为帮扶的首要对象，并继续帮助 684.6 万已基本解决温饱的低收入人口巩固温饱、脱贫致富；把贫困人口相对集中的少数民族地区、边境地区、革命老区和自然环境恶劣的特困地区，列为扶贫开发重点区域；全省除 73 个国家扶贫开发工作重点县外，还确定 7 个省级扶贫开发工作重点县、200 个重点扶持边境乡或民族特困乡、11344 个贫困村（占全省 13374 个行政村的 85%）；针对自然环境恶劣、难以改善生存条件的 100 万贫困人口实施易地开发项目；对边境乡镇、7 个人口较少民族和藏区中小学实行"三免费"帮教政策；全免国家和省级扶贫开发重点县以及 25 个边境县的农业税。以滇西边境少数民族贫困地区的保山市和楚雄州为例，根据新贫困标准，保山市的施甸县、龙陵县、昌宁县和楚雄州的双柏县、南华县、姚安县、大姚县、永仁县、武定县被纳入全省 73 个国家扶贫开发工作重点县的范畴，保山市的腾冲县和楚雄州的牟定县被纳入 7 个省级扶贫开发工作重点县的范畴。2002～2010 年在全省实施 4000 个扶贫综合开发重点扶持贫困村，保山市有 184 个，楚雄州有 268 个。"大扶贫"的格局保证了扶贫开发工作的顺利进行，云南省的绝对贫困人口由 2000 年年底的 1022.1 万人，减少到 2010 年年底的 325 万人，贫困发生率下降到 8.6%；深度贫困人口由 3375 万人下降到 160.2 万人，保山市和楚雄州的绝对贫困人口由 2000 年年底的 80 万人和 78.6 万人分别下降到 65.62 万人和 53.5 万人。综合性"整村推进"工作成效明显，扶贫开发进程大大加快。

第五阶段（实施《中国农村扶贫开发纲要（2011—2020 年）》阶段）：全面建成小康社会攻坚

这一阶段我国扶贫开发事业进入新的攻坚时期，其目标是巩固温饱成果、加快脱贫致富、改善生态环境、提高发展能力、缩小发展差距，努力实现 2020 年全面建成小康社会的目标。2011 年，中央政府将扶贫标准提高至人均收入低于 2300 元，相比 2009 年的 1196 元提高了 92%。按照这一新标准，全国贫困人口总数为 1.2238 亿人，其中 5564 万农村贫困人口集中在山区、偏远地区、高寒地区、革命老区、少数民族地区和边境地区。新阶段我国扶贫开发工作的重点是贫困程度较深的集中连片贫困地区和特殊困难地区。[1] 为了进一步推进特殊困难地区的大规模、深层次扶贫开发工作，党中央提出把连片特困地区作为新阶段扶贫攻坚的主战场，并在全国划出了 14 个连片特困地区。其中，云南省涉及乌蒙山区、石漠化区、滇西边境山区及迪庆藏区共计 4 个连片贫困地区，下辖 91 个县（市）。

按照 2011 年的扶贫新标准，云南全省贫困人口超过 1500 万人，其中滇西边境少数民族贫困地区有 424 万人，接近三分之一的人口。根据国家的扶贫政策以及云南省自身实际情况，省委省政府制定了《云南省农村扶贫开发纲要

---

① 温家宝：《关于发展社会事业和改善民生的几个问题》，《求是》2010 年第 7 期。

(2011—2020 年)》《云南省"十二五"农村扶贫开发规划》，各集中连片特困地区也制定了相关的扶贫开发规划。在"大扶贫"的理念下，滇西边境少数民族贫困地区紧紧抓住区域开发与精准扶贫两大战略重点，坚持统筹城乡发展和开发式扶贫方针，努力抓住建设"面向西南开放桥头堡"的历史机遇，力求以区域发展带动扶贫开发，以扶贫开发促进区域发展，取得本阶段扶贫开发攻坚战的全面胜利。省政府为这一阶段设定的扶贫目标为：到 2015 年，解决300 万贫困人口的温饱问题，确保 160.2 万深度贫困人口基本解决温饱问题；到 2020 年基本消除绝对贫困现象，基本解决连片特困地区贫困问题，实现全面建成小康社会的目标。但现状是，云南省贫困程度深，贫困人口多，连片特困地区大多仍处于深度贫困状态，边境少数民族地区贫困问题尤为突出。贫困问题仍然是制约云南省经济社会发展的难点之一，扶贫开发作为一项重大历史使命依然任重道远。

第三节　滇西边境少数民族贫困地区扶贫开发成就及经验

经过 30 多年的不懈努力，滇西边境少数民族贫困地区的扶贫开发工作取得了显著的效果，形成了一套符合自身实际的工作路子。总结扶贫开发工作的成就与经验，有助于借鉴以往的成功经验探索该地区在新阶段集中连片特困地区扶贫开发工作中的新路径。

一　滇西边境少数民族贫困地区扶贫开发工作成就[①]

30 多年来，滇西边境少数民族贫困地区的扶贫开发工作大致经历了五个阶段，每一个阶段都取得了显著的效果，总结起来有以下几个方面。

（一）贫困人口大幅减少

在党中央、国务院和云南省委、省政府的统筹领导，社会各界广泛参与下，特别是经过当地广大各族干部群众的奋发努力，滇西边境少数民族贫困地

---

① 滇西边境少数民族贫困地区扶贫开发工作成就的基本情况材料、数据如笔者未作特殊说明，则均系参考云南省扶贫开发领导小组办公室材料和笔者2014年调研所得材料。

区的扶贫开发工作取得了历史性成果，贫困地区和贫困户的自我积累和自我发展能力明显增强，贫困人口也有大幅减少（见表2-2）。

表2-2 云南省、滇西边境少数民族地区贫困人口、贫困发生率以及
滇西地区贫困人口所占云南省贫困人口比例变化

单位：万人，%

标准	年份	云南省		滇西边境少数民族贫困地区*	
国家扶贫标准		贫困人口	贫困发生率	贫困人口	所占云南省贫困人口比例
人均年纯收入低于150元的县和人均年纯收入低于200元的少数民族自治县	1986	1212	40.1	531.83	43.9
人均年纯收入低于530元	1995	783	22.9	351.57	44.9
人均年纯收入低于865元	2000	1022.1	29.63	387.9	37.9
人均年纯收入低于1274元	2010	525	11.42	267.98	51
人均年纯收入低于2300元	2011	1014	27.1	424	41.8
	2013	661	17.7	267.8	40.5

* 滇西边境少数民族贫困地区的贫困人口数据分为两部分：1986~2010年的数据仅为该地区10州市中的保山市、丽江市、楚雄州、红河州和大理州共5州市贫困人口数量之和，经笔者计算得出；2011~2013年的数据为该地区10州市整体数据。

资料来源：本数据由笔者根据历年云南省农村贫困监测数据以及《云南省统计年鉴》（2001年、2011年、2012年）整理得出。

1986年，中央政府开始启动有组织有计划的专项扶贫行动。按照当时的扶贫标准，即人均年纯收入低于150元的县和人均年纯收入低于200元的少数民族自治县，云南省当年的贫困人口超过1200万人，贫困发生率高达40.1%。其中，滇西边境少数民族贫困地区仅5个州市[①]贫困人口为531.83万人，占当年云南省贫困人口总数的43.9%。到1995年，贫困标准提升为人均

---

① 5个州市数据为保山市、丽江市、楚雄州、红河州和大理州共5州贫困人口数量之和，经笔者计算得出。

年纯收入低于 530 元，但云南省贫困人口减至 783 万人，贫困发生率也降为 22.9%。其中，滇西边境少数民族贫困地区仅 5 个州市贫困人口总数也减至 351.57 万人。2000 年，国家又将扶贫标准提高至 865 元，因而云南省的贫困人口变为 1022.1 万人。其中，滇西边境少数民族贫困地区贫困人口总数为 387.9 万人，占当年云南省贫困人口的 37.9%。在接下来的十年中，在"大扶贫"格局的指引下，经过各方面的艰苦努力，云南省农村贫困人口减至 2010 年年底的 525 万人，共减少 497.1 万人，贫困发生率由 29.63% 下降到 11.42%。其中，滇西边境少数民族贫困地区仅 5 个州市的贫困人口减至 267.98 万人。2011 年，中央提出扶贫开发新战略，将集中连片特困地区作为扶贫攻坚主战场，并将扶贫标准提高至人均年纯收入 2300 元。2011～2013 年，云南省农村贫困人口逐年明显下降，分别为 1014 万人、804 万人和 661 万人；贫困发生率分别为 27.1%、21.6%、17.7%。三年来，云南农村贫困人口由 2011 年年初的 1014 万人减至 2013 年年末的 661 万人，共减少 353 万人，累计减贫率为 34.8%。其中，滇西边境少数民族贫困地区的贫困人口由 2011 年年底的 424 万人减至 2013 年年底的 267.8 万人，减少了 156.2 万人。

可见，在近 30 年的扶贫开发进程中，中央的扶贫标准虽然不断提升，新标准带来贫困人口的不断增长，但是云南省和滇西边境少数民族贫困地区的扶贫工作能够按照国家的目标，跟上全国的步伐，贫困人口大幅减少，贫困发生率大大下降，贫困人口生产生活水平得到明显提高，总体上基本解决了温饱问题，有的已经过上了小康生活。

（二）基础设施明显改善

在多年的扶贫开发工作中，云南省集中财力、物力、人力进行基础设施建设，各项基础设施指标均有明显提升。1986～1990 年，云南省共有 41 个贫困县（国家级贫困县 26 个、省级贫困县 15 个），下辖 533 个乡镇，其中，滇西边境少数民族贫困地区有 20 个贫困县。5 年间，省内共投资 1.13 亿元修建贫困地区的公路，41 个贫困县累计新修公路 6144 公里，未通公路乡（镇）由 1985 年年底的 39 个缩减至 1990 年年底的 16 个。5 年间，省内共投资 1.79 亿元进行农田水利和水电建设，共增灌溉面积 26 万亩，改善灌溉条件 72 万亩；新建电站 8 座，加上农村小电站，未通电乡（镇）由 1985 年年底的 159 个缩减至 1990 年年底的 89 个,人均用电量达 58.1 千瓦时;累计新增高产稳产农田①89.89 万亩,完成坡改梯②面积 20.58 万亩;建设人畜饮水工程 32230 项,解决了 142.6 万人和 114.4 万头大牲畜的饮水问题。

1991 年,因实施新的扶贫标准,云南省的贫困县由 41 个增至 72 个,其中滇西边境少数民族贫困地区占 51 个。1991～1993 年,72 个贫困县累计新修通行汽车公路 1.1 万公里,其中雨天能够正常通车的公路达 2900 公里;共计开垦宜农荒地 57.97 万亩,完成坡改梯面积 92.56 万亩;共计建设人畜饮水工程 31812 项,解决了 221 万人和 163 万头大牲畜的饮水问题。

1994 年,云南省贫困县增至 73 个、攻坚乡镇 506 个,其中滇西边境少数民族贫困地区占 10 个州(市)、51 个贫困县、312 个攻坚乡镇。1994～2000 年的 7 年间,73 个贫困县中原来没有通公路的 9 个乡(镇)到 2000 年全部实现通车;未通公路的行政村由 1994 年的 2143 个减少至 2000 年的 490 个;未通电的农户由 1996 年的 131 万户下降到 2000 年的 59.4 万户。506 个攻坚乡镇中,未通公路的 6 个乡(镇)到 2000 年全部实现通车;未通公路的行政村由 1994 年的 1460 个减少至 2000 年的 218 个;未通电农户由 1994 年的 87.8 万户下降到 2000 年的 31 万户。7 年间,73 个贫困县和 506 个攻坚乡镇累计新修通行汽车公路 7.1 万公里;坡改梯耕地面积达 419 万亩;建设人畜饮水工程共19.81 万项,共解决 975 万人和 643.6 万头大牲畜的饮水问题。与全省同步,滇西边境少数民族贫困地区的基础设施建设面貌也大为改观,以保山市为例,7 年间,共建成基本农田 35.75 万亩,解决了 84 个村不通公路的问题,解决了 98 个村 5.4 万农户的用电问题。

2001～2005 年,云南省的贫困县依然为 73 个,其中滇西边境少数民族贫困地区占 10 个州(市)、56 个贫困县。5 年间,累计新修及扩建村级公路 3.1万公里,行政村通路率达 84%;农村电网改造架设输电线路 5.8 万公里,92.9% 以上的自然村实现了通电;新增基本农田 135 万亩,改造茅草房、木杈房 24.56 万户;完成"五小"水利工程 64 万项,解决了 418 万人和 248 万头

---

① 新增高产稳产农田:通过搞工程和农业措施,农田年亩产粮食生产潜力在正常年景下,达到或超过 500 千克的耕地面积。

② 坡改梯面积:指坡耕地改为梯(台)田的面积。

大牲畜的饮水问题。其间，滇西边境少数民族贫困地区的发展也较快，以楚雄州为例，2000~2005年，全州累计改造茅草房5180户，建房面积达41.4万平方米，完成"五小"水利工程10.5万项，解决了8.55万人、5.88万头大牲畜的饮水困难。

2006~2010年，云南省共有73个国家级扶贫开发重点县，其中滇西边境少数民族贫困地区有45个。5年间，73个扶贫重点县累计新修乡村道路4.19万公里，完成村内道路硬化9103万平方米，行政村通公路率达到63.4%。在整乡推进试点的17个乡镇中（包括滇西边境少数民族贫困地区的11个试点乡镇），完成安居工程建设25709户，共计404.2万平方米；完成基本农田建设10.1万亩；修建乡村道路24条共计191公里；修建村组道路319条共计1168公里；完成村间道路硬化214万平方米。在"兴边富民"工程的推动下，25个边境县（包括滇西边境少数民族贫困地区19个边境县）建成通乡公路326.97公里、通村公路955.27公里，村内道路硬化165.3万平方米；新建、改建扶贫安居房46.2万平方米，帮助6188户特困农户和住房困难户解决住房问题；完成1.9万亩基本农田建设。

按照党中央、国务院扶持人口较少民族的专项计划，云南省对滇西边境少数民族贫困地区和迪庆藏区内9个州（市）的8个人口较少民族居住的175个建制村进行了特殊帮扶，实现了这175个建制村全部通路、通电、通广播和通电话的目标，解决了23万人的安全饮水问题；对苦聪人、莽人、克木人、独龙族、拉祜族等实施了特殊帮扶计划，新修房屋和民房改造共计5441间，建成基本农田共计16100亩，新修或修复乡村公路共计640.5公里。

2011~2013年，云南省的扶贫开发工作涉及4个集中连片特困地区的91个县（市、区），其中滇西边境少数民族贫困地区占56个县（市、区）。3年间，云南省共投入扶贫开发资金3022.6亿元，完成6.6万户的扶贫安居工程、1万余个自然村的整村推进和56个乡的整乡推进工作；完成产业帮扶和社会事业帮扶项目296个，使1.46万户6万余人直接受益。同一时期，云南省人口较少民族聚居地区建制村由175个增至395个，它所覆盖的各民族人口由31万人增至75.9万人。在这三年间，中央及省财政对人口较少民族聚居地区累计投入各类财政扶贫资金达99.43亿元。25个边境县（包括滇西边境少数民族贫困地区的 19 个边境县）基本实现了广播电视"村村通"，全部建立了新型农村合作医疗制度和农村低保制度。贯穿滇西边境少数民族贫困地区的国家高速公路杭州—瑞丽联络线丽江—大理段（G5611）、国道 G214 以及大理—丽江段铁路已基本完成通车。2010 年年末，省政府启动了独龙江乡整乡推进、独龙族整族帮扶综合发展计划。3 年间，实施了安居温饱、基础设施、产业发展等"六大工程"，整个独龙江乡基本实现通路、通电、通广播和通电话的目标，解决了整乡的安全饮水问题。

30 多年来，滇西边境少数民族贫困地区的基础设施建设走上"快车道"，基础设施面貌大为改观。其中，成效最为明显的是道路建设和通电工程。至 2000 年，在全省 73 个贫困县（其中滇西边境少数民族贫困地区有 51 个贫困县）中，原来未通公路的乡镇全部实现了通车，506 个攻坚乡镇（其中滇西边境少数民族贫困地区有 312 个攻坚乡镇）中，原来未通公路的乡镇也全部实现了通车。目前，通路建设已向未通公路的行政村全部实现通车，村与村之间全部实现通车，村内道路、村组内道路逐步实现硬化的目标发展延伸。至 2005 年，在全省 73 个贫困县（其中滇西边境少数民族贫困地区有 51 个贫困县）中，92.9% 以上的自然村实现了通电。同一时期，基本农田建设、水利灌溉建设也得到了快速发展，高产稳产田的比重、坡改梯耕地面积大大增加。这就方便了人们的出行和日常生活，更主要是为农牧业生产、种养殖业生产、工业手工业生产和商业的发展提供了必要的条件，奠定了坚实的基础。另外，饮水工程、安居工程建设也不断加快速度，大大缓解了人畜饮水困难、住房困难。目前，已基本完成了茅草房、木杈房、危房改造的任务。至 2010 年，滇西边境少数民族贫困地区各建制村因得到特殊帮扶，各村已全部实现通路、通电、通广播、通电话的目标。

（三）民生福祉不断提高

1986～1990 年，云南省 41 个贫困县（滇西边境少数民族贫困地区占 20 个）农民人均年纯收入由 1986 年的 150 元以下，提高到 1990 年的 210.7 元。5 年间累计投放中央和省扶贫贴息贷款 3.81 亿元，投放"老、少、边、穷"地区贷款 1.08 亿元。

1991～1993 年，云南省 72 个贫困县（滇西边境少数民族贫困地区占 51

个）农民人均年纯收入由 1991 年的 307 元提高到 1993 年的 527 元。3 年间累计投放中央和省扶贫贴息贷款 5 亿元，投放以工代赈款（折金）5.07 亿元。

1994~2000 年，云南省内共有 73 个贫困县 506 个攻坚乡镇，其中滇西边境少数民族贫困地区占 51 个贫困县 312 个攻坚乡镇。7 年间，73 个贫困县农民人均年纯收入从 1994 年的 575 元增至 2000 年的 1094.8 元，农民人均粮食产量从 304 公斤增至 368.4 公斤；506 个攻坚乡镇农民人均年纯收入从 1994 年的 301.53 元增至 2000 年的 735.37 元。7 年间，累计扶贫贷款投入总量 6.39 亿元，国家以工代赈资金 21 亿元，地方以工代赈资金 11.8 亿元，中央支持不发达地区发展资金 12.6 亿元。其间，1995 年云南省确定人均年纯收入 300 元以下的 506 个特困乡（镇）为重点攻坚对象。从当年起，省财政每年投入 3 亿元扶贫专项资金，给每个攻坚乡每年补助 50 万元。从 1999 年起，云南省启动了安居温饱试点工程。1999~2000 年，共投入安居资金 1800 万元，涉及 16 个地（州、市），覆盖 6884 户贫困户。7 年间，仅滇西边境少数民族贫困地区的保山市、楚雄州和红河州 3 个州市，分别投入中央、省级及州（市）级扶贫资金共 7.2 亿元、12.8 亿元和 10.3 亿元。

2001~2005 年，云南省贫困县依然为 73 个，其中滇西边境少数民族贫困地区占 56 个。73 个贫困县的农民人均年纯收入由 2001 年的 1103 元增加到 2005 年的 1537 元。5 年间，云南省累计投入财政拨款 18.5 亿元，完成 1274 个行政村整村推进工作和 5110 个自然村整村推进工作，73 万户贫困户和 300 多万贫困人口受益。

2006~2010 年，云南省有 73 个国家级贫困重点县，其中滇西边境少数民族贫困地区占 45 个。73 个重点县农民人均年纯收入由 2005 年的 1641 元提高到 2010 年的 3109 元。5 年间，云南省累计发放扶贫贴息贷款 101.8 亿元，投入中央及省级财政扶贫资金 41.73 亿元，州县财政投入扶贫专项资金 17.68 亿元，共完成 2757 个行政村的整村推进工作，194.3 万户 908.5 万人受益。从 2009 年开始，云南省组织实施第一批 17 个乡（镇）整乡推进试点工作（包括滇西边境少数民族贫困地区的 11 个试点乡镇），累计投入各类建设资金 16.38 亿元。另外，5 年来对镇沅苦聪人实行专项帮扶，共投入各类资金 2.57 亿元，对 131 个苦聪人贫困自然村实施整村推进工作，基本解决了 3664 户 13365 人的温饱问题。2008 年制定莽人、克木人发展总体规划,投入资金 1.66 亿元,实施 12 项莽人、克木人整村推进工程,完成了安居工程 258 户共计 17940 平方米,莽人、克木人农民的人均年收入分别从 2007 年的 489 元和 1198 元增加至 2009 年的 1413 元、1887 元。

2011～2013 年,云南省尚有四大集中连片特困地区共计 91 个贫困县(滇西边境少数民族贫困地区占 56 个)。91 个贫困县农民的人均年纯收入由 2010 年的 3154 元增加到 2013 年的 5552 元,年均增长 20.7%。其间,云南省人口较少民族聚居地区建制村由 175 个增至 395 个。建制村农民人均年纯收入由 2010 年的 2265 元增至 2013 年的 3782 元,比 2010 年增加了 66.9%。人均占有粮食由 2010 年的 435 公斤增至 2013 年的 480 公斤,比 2010 年增加了 10.3%。人口较少民族聚居地区全部建立了最低生活保障制度。25 个边境县(包括滇西边境少数民族贫困地区的 19 个边境县)生产总值由 2010 年的 683.31 亿元增加到 2012 年的 1011.67 亿元;农民人均年纯收入由 2010 年的 3114 元提高到 2012 年的 4432 元。

30 多年来,从中央到地方不断加大对滇西边境少数民族贫困地区民生工程的帮扶力度,通过扶贫贴息贷款、老少边穷地区贷款、以工代赈款、支持不发达地区发展资金、扶贫专项资金等各种手段和措施,推动了农牧业、种养殖业生产的发展,提高了农民的收入。至 2010 年,全省 73 个贫困县(其中滇西边境少数民族贫困地区占 45 个)农民人均年纯收入已达到 3109 元;至 2013 年,四大集中连片贫困地区 91 个贫困县(其中滇西边境少数民族贫困地区占 56 个)农民人均年纯收入又增至 5552 元。其中,人口较少民族建制村农民人均年纯收入至 2013 年也达到 3782 元,人均占有粮食则达到 480 公斤。

(四)社会事业较快发展

1986～1990 年,云南省 41 个贫困县(滇西边境少数民族贫困地区有 20 个)共推广科技成果 1110 项,开办农业技能培训班、生产生活实用技术培训班共 4.1 万期,培训 314.401 万人次,引进各类专业技术人才 5756 人。

1991～1993 年,云南省 72 个贫困县(滇西边境少数民族贫困地区占 51 个)共推广科技成果 3281 项次。其中种植业、经济林果业和养殖业 2595 项次，开办生产生活实用技术培训班 10.86 万期，参加培训 843 万人次，其中贫困户 456 万人次，引进各类专业技术人才 2819 人。

1994～2000 年，云南省 73 个贫困县和 506 个攻坚乡镇（滇西边境少数民族贫困地区占 51 个贫困县和 312 个攻坚乡镇）共推广科技成果 6797 项次，开办扶贫开发实用技术培训班 21.2 万期，参加培训 892 万人次，其中贫困户有 567 万人次。

2001～2005 年，云南省 73 个贫困县（滇西边境少数民族贫困地区占 56 个）共投入 1.16 亿元开展技术培训推广，共培训和转移劳动力 150 多万人。其中 30 个贫困县被纳入全省农村合作医疗改革试点。改建村级完小 327 所、卫生室 380 座、文化室 235 间、广播电视网络和接收站 136 个。

仅滇西边境少数民族贫困地区保山市、楚雄州两个州市，截至 2005 年，开展农村技术培训均为 1 万多期，培训人次分别为 60 多万人和 80 多万人，累计获得科技扶贫补助资金分别为 3000 万元和 1705 万元。另外，1995～2005 年，保山市先后在贫困乡村改扩建中小学校 392 所，新建和修缮校舍 17 万平方米。

2006～2010 年，云南省的 73 个国家级贫困重点县（滇西边境少数民族贫困地区占 56 个）建设和修缮学校 10278 所，建设面积达 892.36 万平方米，共投入 21 亿元；将 421.83 万人纳入最低生活保障范围；"新农合"参合率在 90% 以上；建成 1.1 万个村级卫生室。5 年间，共 3046 个村组开通广播电视，新建文化活动场所 56 万平方米、村小学 416 所、村卫生室 1464 间。17 个整乡推进试点乡镇建设村级卫生室 84 间，开展科技培训及劳务输出培训共计 1929 期 29.5 万人次，新建村党组织活动场所 95 个，创建带领致富党支部 71 个，培养致富带头人 9102 人。2009 年，全省所有贫困村都实现了"两免一补"，农村小学入学率在 99% 以上。在人口较少民族的专项扶贫方面，云南省实施"百万民工培训工程""阳光工程""绿色证书""雨露计划""新型农民科技培训"等项目，加大了对人口较少民族地区和贫困人口的技能培训和人力资源开发力度。截至 2010 年，云南省为苦聪人举办技能培训共 545 期，培训 2.19 万人次；为莽人、克木人举办各类农业技术培训班 164 期，培训 1.07 万人次；全面落实苦聪人、莽人、克木人聚居区"两免一补"政策,共完成校舍建设18所,2200余名学生享受到国家惠民政策,适龄儿童入学率均在99.7%以上。同时,省政府加大了对人口较少民族地区的文化卫生事业投入,为苦聪人、莽人和克木人聚居区新建村级卫生室17间;免费为当地妇女开展"妇女病"普查;实施了"边疆文化长廊"、广播电视"村村通"等项目,在苦聪人、莽人和克木人聚居区共建成科技文化室46座,在23个莽人、克木人村寨实现了广播电视全覆盖。全省的25个边境县(包括滇西边境少数民族贫困地区的19个)仅在2008年和2009年,就完成扩建学校21所,修建科技文化场所250座,参加各类培训人数达15.5万人。

2011~2013年,滇西边境少数民族贫困地区的56个贫困县实施滇西专项营养改善计划,调拨1100万元用于该地区农村学校购置厨房设备;启动"贫困地区学校宽带普及工程",为该地区农村40所学校提供宽带接入;实施特岗教师计划,该地区56个贫困县的农村义务教育阶段特岗教师的工资补助标准从每年2.5万元提高到每年2.7万元。

经过30多年的拼搏,滇西边境少数民族贫困地区科学技术推广工作、文化教育卫生等各项社会事业有了长足的发展。通过推广科学技术成果项目,开办农业技能培训班、生产生活实用技术培训班、劳务输出培训班等灵活多样的形式,着力提高科技成果的运用和转化能力,提高劳动者的科学文化素养和技术职业能力,人力资源开发取得了可喜的成绩。同时,通过新建或改建修缮校舍、文化站(室)、卫生站(室)、广播电视网络系统等途径大大改善了文化教育卫生方面的硬件条件、基础设施,并通过人员培训、人才引进、改善工作生活条件等措施大大提高了这些领域的人员结构、人才力量、知识水平、技术能力。例如,至2009年,滇西边境少数民族贫困地区所有贫困村都实现了"两免一补",农村小学入学率已达到99%,"新农合"参合率也达到90%。

(五)社会扶贫成效明显

云南边境少数民族贫困地区的社会扶贫方式多样、成效显著。主要是接受中央企事业单位的定点扶贫援助、云南省省州市县各级事业单位的定点扶贫援助,接受上海市对口帮扶合作援助,接受驻滇部队、非公经济实体、一些国际机构和非政府组织等的援助。这些不同的单位、机构、组织和人员发扬团结、友爱、协作、济贫的精神，投入大量的人力、精力、财力，投入或引进巨额的资金，实施扶贫开发项目，在解决贫困群众温饱问题，在发展农业、牧业等各项产业、扶持教育文化卫生事业方面，在整村推进、旅游开发、环境保护项目建设中各自发挥积极作用，合力助推了滇西边境少数民族贫困地区的扶贫开发事业。

一是中央单位定点扶贫。从 1992 年开始，27 家中央企事业单位在云南省 13 个州市共 43 个国家扶贫开发重点县进行了定点扶贫。十几年间，这 27 家中央企事业单位共投入扶贫资金 18.13 亿元，引进扶贫资金 8.91 亿元，实施扶贫项目 2446 个，举办各类培训班 43492 期，并修建校舍 375 所。其中，外交部定点帮扶红河州金平苗族瑶族傣族自治县 20 多年，先后筹集资金 1.8 亿多元，主要实施了包括温饱、教育、卫生、培训、整村推进等 6 类工程共 641 个扶贫项目；仅在 2013 年，就筹集各类帮扶资金 928.53 万元，完成助学项目 8 个、整村推进项目 4 个。又如，教育部定点帮扶滇西边境少数民族贫困地区，开展了 8 个方面的工作，主要有：搭建信息交流平台、推进滇西教育改革、组织职业教育对口支援等；协调东部地区 10 个职业教育集团对滇西边境少数民族贫困地区的 10 所职业技术学校给予对口支援；设立滇西教育发展专项基金；向滇西 10 个州市 56 个县市区各选派一名挂职副州（市）长或副县（市、区）长；组织清华大学等 16 所教育部直属高校到滇西国家级扶贫开发重点县定点扶贫等。

二是省、州（市）、县（市）各级机关事业单位定点扶贫。从 1986 年开始，云南省就组织省、州（市）、县（市）各级机关事业单位开展了定乡、定村、定户的帮扶工作，并进行年度检查考核验收。定点帮扶单位共投入扶贫资金 12.65 亿元，引进各类资金 14 亿元，引进技术 7762 项，资助贫困学生 11.99 万人，举办培训班 8181 期。例如，省扶贫办于 2009 年和 2010 年在 25 个边境县累计投入资金 7.54 亿元，实施了 663 个贫困自然村的整村推进项目，并投入扶持莽人、克木人专项资金 1000 万元。其中，楚雄州州级单位定点挂钩帮扶从 1991 年的 46 个扩展到 2005 年的 100 个，挂钩帮扶涉及 10 个县（市）的 68 个乡、100 个贫困村。

　　三是采取沪滇对口帮扶合作的方式。从 1996 年开始，上海市对口帮扶云南省的扶贫工作。18 年来，上海市投入帮扶资金 16.86 亿元，对红河、文山、普洱、迪庆四州市 26 个贫困县实施各类社会事业帮扶项目 3363 项，实施以整村推进为主的帮扶项目 3517 项，援建"白玉兰"卫生所 985 座，援建"希望小学"、"光彩小学"和其他助学项目 427 项。上海市政府先后投入帮扶资金 6538.3 万元，对德昂族、独龙族等人口较少民族和莽人、克木人、苦聪人和僰人等实施对口帮扶，"上海路""上帮村"等遍布人口较少民族聚居区。1996 年，上海市及长宁、徐汇、青浦、奉贤 4 区开始对红河州及绿春县、金平县、屏边县等 7 个重点县进行对口帮扶与经济协作，到 2005 年，十年间共投资 1.8 亿元，援建项目 1014 个。2009～2011 年，上海市投入"三个确保"重点帮扶资金 9930 万元，完成了金平县、澜沧县、西盟县和江城县等 8 个边境县人口较少民族及革命老区的 237 个整村推进项目。2013 年，对口帮扶资金投放重点转移至滇西边境少数民族贫困地区和迪庆藏区的 30 个县，实施了 5 个民族文化旅游特色村项目。

　　四是驻滇部队积极参与扶贫。驻滇解放军及武警部队先后投入共计 1000 多万元帮扶资金，用于教育、卫生等帮扶项目。仅 2009 年，云南省军区师以上单位就投入经费 295.92 万元，援建"希望小学"26 所，减免贫困群众医药费 439.79 万元。

　　五是非公经济力量积极参与扶贫。从 2006 年开始，云南省扶贫办在国务院扶贫办、全国工商联和中国光彩促进会的具体指导和协助下，广泛动员全省民营企业参与困难群众帮扶项目，并启动了"千企扶千村"活动。几年来，云南省民营企业为"光彩事业"捐赠资金共计 13.88 亿元，实施"光彩事业"投资类项目 348 个，1267 户非公企业与 430 个贫困自然村开展了结对帮扶活动。

　　六是接受国际扶贫援助，合作开展扶贫开发工作。从 20 世纪 80 年代开始，云南省就与多个国际双边、多边机构和非政府组织合作开展扶贫项目。据统计，1995～2010 年，云南省的国际扶贫项目累计投入资金 17 亿元人民币，接受国际金融组织贷款 6 亿美元，近 30 个国际非政府组织投入云南省用于扶贫的无偿资金有 1.2 亿多美元。国际组织在云南省开展的扶贫项目遍布大部分滇西少数民族聚居地区，涉及基础设施、教育、卫生、医疗、妇女儿童权利等多个领域。比如，其在红河县、武定县、沧源县等贫困县开展了农业综合项目；在怒江、红河、临沧、丽江等州市的 15 个贫困县开展了小学建设和困难学生帮扶项目；在临沧市的沧源佤族自治县和永德县、普洱市的孟连傣族拉祜族自治县和西盟佤族自治县开展了世界银行贫困农村社区发展项目；在楚雄州南华县、丽江市宁蒗彝族自治县开展了中英合作的云南环境发展与扶贫项目。目前，国际组织在滇西边境少数民族贫困地区开展的项目还有香港乐施会援助的"澜沧江－湄公河流域农村扶贫和生态环境恢复项目"、欧盟－中国云南红河环保与扶贫项目、世界银行西南扶贫贷款项目，以及西班牙援助医疗卫生项目等。

（六）易地搬迁户安居乐业

从 1996 年起，云南省开始实施异地搬迁工作，确定了第一批易地扶贫开发试点，由此，进入了易地搬迁扶贫工作启动阶段。1996～2000 年，云南省部分生存条件特别艰苦地区的扶贫工作实现了向跨地区安置、解决温饱、产业开发为主的重大转变。共完成 56 个项目的立项工作，投入无偿资金 3.65 亿元，全省共转移安置 20 万人，安置后基本实现了安居。1996 年年初，滇西边境少数民族贫困地区的保山市龙陵县、楚雄州元谋县和红河州元阳县均被省政府确定为首批易地扶贫开发工作试点。十年间，保山市、楚雄州和红河州共转移安置 12.1 万人。在 2001～2010 年这一阶段的扶贫开发工作中，云南省有 16 个州（市）的 115 个县（市、区）实施了易地搬迁项目，累计投入易地搬迁扶贫资金 32.84 亿元，转移安置基本丧失生存条件的贫困群众 64.66 万人。安置区基本实现了通水、通电、通路，广播电视电话的覆盖率在 80% 以上。大部分搬迁移民拥有人均不低于 1 亩的基本农田地，户均不低于 0.3 亩的宅基地。搬迁安置后，当地政府大力扶持移民开发当地优势资源，增加移民收入，基本达到了"搬得出、稳得住、能致富"的要求。易地搬迁扶贫工作不仅从根本上帮助缺乏生存条件的贫困群众解决了温饱问题，而且缓解了人地矛盾，有利于改善生态平衡，并能有效地减灾、防灾。例如，滇西边境少数民族贫困地区的镇沅县苦聪人，原先居住于高海拔山区的陡坡上，干旱缺水、气候寒冷，住房多为茅草房、木杈房、木楞房等，危险系数较高,极易受到山体滑坡和泥石流灾害。截至 2012 年,镇沅县累计投入 2.57 亿元,建设易地扶贫安置点 9 个,整村整寨转移安置特困苦聪人家610 户,基本解决了 3664 户贫困苦聪人的温饱问题,并帮助苦聪群众发展种植业和养殖业,易地搬迁的苦聪群众大多能够安居乐业,实现了易地搬迁扶贫开发的预定目标。

二 滇西边境少数民族贫困地区扶贫开发工作经验

滇西边境少数民族贫困地区的扶贫开发工作,依据自身特点,不断总结实践经验和教训,形成了一套独有的工作方式方法,为新阶段当地集中连片特困地区的扶贫开发工作提供了扎实可靠的工作经验。这些经验对其他少数民族贫困地区的扶贫开发工作也具有一定的借鉴意义。

(一)政府主导是扶贫开发的根本保障

扶贫开发工作离不开政府的主导作用。政府的主导作用,就是在扶贫开发工作中加强政府的组织领导、提供服务的作用,包括由政府主导做好扶贫开发的短、中、长期规划,制定和实施扶贫开发的优惠政策、倾斜政策,组织落实扶贫开发所需的资金、物资和人力等。实践充分证明,云南省政府和各州、市、县政府的主导是滇西边境少数民族贫困地区扶贫开发工作取得显著成效的根本保障。滇西边境少数民族贫困地区各州、市、县政府依据中央扶贫战略,建立了领导和协调本地扶贫开发工作的工作机构,成立了扶贫开发领导小组,领导小组组长由当地政府主要领导担任。根据国家扶贫开发纲要、云南省扶贫开发纲要和省级农村扶贫开发规划,滇西边境少数民族贫困地区各州、市、县政府制定了相应的农村扶贫开发规划。按照"省负总责、县抓落实、工作到村、扶贫到户"的工作机制,各级政府在优惠政策、资金分配、基础设施建设、文化教育发展、技术引进等方面给予倾斜支持,切实加强扶贫开发工作的针对性和实效性,为滇西边境少数民族贫困地区创造了良好的政策环境,提供了资金、技术、人力等各方面的支持和保障,增强了贫困群众脱贫致富的信心,保证了扶贫开发项目的实施进程,保障了扶贫开发预定任务、目标的完成。

（二）改善生存条件是扶贫开发的首要任务

人们的生活总是离不开衣、食、住、行、用的问题，这是最基本、最基础性的生存条件。贫困地区往往有许多尚未解决这些起码生存条件的人群。因此，扶贫开发工作的首要任务就是解决他们的生存困难，改善生存条件，让他们吃得饱、穿得暖。民生问题具有动态性，民生要求是不断变化、不断提高的。在解决了生存温饱问题之后，还要不断解决更高层次的民生问题。这是"立党为公、执政为民"，全心全意为人民服务的宗旨的具体体现。

偏远的地理位置、恶劣的自然条件、落后的基础设施，一直阻碍着滇西边境少数民族贫困地区脱贫致富的步伐。该地区各州市县根据国家及云南省农村扶贫开发纲要，结合自身特点和实际，以及云南省想方设法保证扶贫资金和物资投入，瞄准贫困村贫困户，重点安排与改善其生产生活条件，解决了其温饱问题；重点实施温饱、住房、饮水、就医、低保、广播电视等民生工程，极大地改善了贫困人口的生存条件；采取整村推进、整乡推进和特殊困难群体重点帮扶等工作方式，提升了基本生存能力。同时，各级政府积极实施易地扶贫搬迁项目，采取农村集中安置、分散插花式安置、进城进镇安置等方式，把基本生存条件艰苦、难以就地解决温饱的贫困人口搬迁到基础条件较好、发展潜力较大的地方，将其从导致长期贫困的恶劣自然环境中解放出来，进而帮助他们从事农业、畜牧业、手工业生产和商业活动，从根本上改变了其生存条件。滇西边境少数民族贫困地区在扶贫开发工作中，通过以改善生存条件为首要任务的民生工程，不仅解决了各民族贫困群众的生存条件和温饱问题，使他们得到了实惠，而且使他们看到了生活的希望，增强了信心，调动了他们脱贫致富的积极性和主动性。

（三）提高自我发展能力是扶贫开发的长远之策

提高自我发展能力是扶贫开发的根本之策、长远之策。只有开发和培育出贫困地区的支柱产业、优势产业、特色产业，只有大力提高各族干部群众脱贫致富的本领，激发他们改变家乡面貌的信心、积极性和创造性，才能从根本上实现扶贫开发的目标任务，才能使贫困地区产生内在活力、内生动力，具有自我发展、可持续发展，乃至跨越式发展的能力，也只有这样才能使我们的扶贫开发工作取得事半功倍的最佳效果。

滇西边境少数民族贫困地区各级政府在扶贫开发中，不仅重视改善贫困群众的生产生活环境，力图为其提供良好的基础设施，而且十分注重激励贫困群众的脱贫积极性和主动性，帮助其增强自我发展能力，力求使其从根本上脱贫致富，收到了良好的效果。为此，滇西边境少数民族贫困地区各级政府采取了诸多措施。

首先，加强基础教育和职业技能培训。滇西边境少数民族贫困地区各级政府不断加大对贫困地区农村基础教育的投入，巩固和完善农村义务教育经费保障机制，优先改善办学条件、加强师资配备及培训、实行集中办学，落实"两免一补"政策和边境地区义务教育"三免费"政策，实施了"东西部地区学校对口支援工程"。同时，各地以职业技能培训为重点，着力普及职业技术教育，开展初高中毕业生就业劳动预备制培训，以"订单培训、定向培养、保证质量、保障就业"为原则，实行"边教学、边劳动、边致富"的教学模式，对家庭困难的学生实行"三免费"政策，力争使贫困地区每户有一名青壮年劳动力接受职业技能教育，帮助他们提高了生存能力和发家致富能力。另外，各级政府还实施了"百万民工培训工程""阳光工程""绿色证书""雨露计划""新型农民科技培训"等项目，使贫困群众掌握一定的专业技能，增强了其就业能力。

其次，加大科技扶贫力度。滇西边境少数民族贫困地区各级政府不仅大力提高农村贫困地区劳动力素质、普及农业实用技术，还加大力度推广了农业科技和优质农作物品种。例如，各地广泛开展了"科技进村入户工程"、"科普惠农兴村计划"和"农业科技扶贫工程"，设立了"科技扶贫示范村"，并为农民提供了"绿色证书""跨世纪青年农业科技"培训项目等。通过这些工程和项目扶持发展了一批带动力强、辐射面广的科技扶贫示范乡镇和农业技术推广示范户、脱贫致富带头人，提升了种植业和养殖业的科技含量，培育出了一批运用科学技术种田养殖的领军力量。

最后，搞好思想观念扶贫。各级政府积极组织贫困村干部到先进发达地区或脱贫致富典型村参观考察，感受和学习了开拓进取的创业精神。通过基层党组织、技术指导员和对口帮扶单位专家等，对贫困群众进行心理开导和思想政治教育，帮助其树立了脱贫致富的信心和决心，调动了贫困群众投入扶贫开发工作的自觉性和积极性。

（四）整合资源、突出重点，社会参与是扶贫开发的重要措施

由于全党全国各族人民的高度重视，扶贫开发的资源越来越丰富。在这样的情况下，如果不注意资源整合，就会出现各自为政、各自为战的局面，就会分散扶贫开发的人力、物力和财力，就会产生盲目建设、重复建设的弊端，最终造成宝贵资源的浪费。同时，扶贫开发是一项复杂艰苦的系统工程，越是贫困的地区，工作难点、迫在眉睫的事就会越多，这就需要我们善于区分缓急轻重，突出重点、抓住根本，把有限的资源科学准确地使用到刀刃上，以实现重点突破、各个击破、层层递进。另外，扶贫开发工作任务重、困难多，仅靠政府的力量难以做好工作，只有充分调动社会各方面的力量，形成合力，才能保证扶贫开发事业的稳步发展。

滇西边境少数民族贫困地区各州市县在扶贫工作中，按照大扶贫、大整合、大参与、大发动、大开发的理念，统一整合扶贫资金、扶贫项目、人力资源，统筹推进了"一体两翼"战略①、温饱安居工程、素质提高工程、特色支柱产业发展工程、生态保护工程等，有力地保障了优惠政策的落实，扶贫资金的使用和扶贫项目、工程的实施。2005~2010年组织两轮"兴边富民"工程，增强了边境地区的可持续发展能力，促进了少数民族聚居区整体的可持续的脱贫进程。

在整合资源的基础上，根据不同区域的经济社会发展水平和特点，各级政府制定了差异化的扶持措施，建立了针对特殊困难区域和群体的重点帮扶机制，实行了贫困人口"首扶"制度，将70%的扶贫资金用于对特殊困难区域和困难群众的帮扶；制定和落实了人口较少民族的扶持发展规划；率先实施了布朗族、基诺族综合扶贫开发工程，开展了重点帮扶苦聪人、莽人、克木人、独龙族的项目。

同时，组织社会各界力量广泛参与了滇西边境少数民族贫困地区的扶贫开发工作。例如中央政府、省政府、州（市）政府、县（市）政府等各级国家机关定点扶贫，沪滇对口帮扶，驻滇部队帮扶，非公经济力量参与，国际组织

---

① "一体两翼"战略内容主要包括：整村推进、劳动力转移培训和产业扶贫。

援助扶贫项目等。这种社会多方合力推进的扶贫方式有利于发挥社会组织自身的灵活性、专业性和公益性，有力地提高了扶贫开发工作的效果。同时，民间组织的参与合作也是对政府主导的扶贫攻坚的有益和必要补充，有效地促进了扶贫事业的发展。

这些政策、措施和项目优先考虑了特殊困难区域和群体以及人口较少民族的扶贫利益，并给予重点扶持，不仅促进了滇西边境少数民族贫困地区的经济发展、社会稳定，而且较好地平衡了扶贫开发工作中整合资源、突出重点与确保公平的关系，从而巩固了该地区民族团结的基础。

第三章
滇西边境少数民族贫困地区扶贫
开发工作中的困境与问题

　　民族问题是社会总问题的重要组成部分。"民族问题的核心是民族的生存发展问题。加快我国少数民族和民族地区的经济社会发展，是现阶段我国民族工作的主要任务，也是解决我国民族问题的根本途径。"① 滇西边境少数民族贫困地区在过去 30 多年的扶贫开发工作中取得了巨大的成就，当地经济社会得到了巨大的发展，但是在发展过程中，在自然条件、经济社会、人文素质等方面面临着诸多困难，在扶贫开发工作自身方面也存在一些问题，它们制约着该地区的脱贫致富和繁荣发展。只有深刻认识这些困难和问题的严重性和内在实质，才能找到有效解决这些问题与困境的合理路径，扎实深入地推进扶贫开发工作，促进该地区跨越式发展，保证该地区各族人民与全国各族人民一道，跨进全面小康社会。

第一节　扶贫开发困难大、任务重

一　贫困地域广，贫困程度深

　　我国政府于 2011 年在全国范围内划出了 14 个集中连片特困地区，其中云南省有 4 个集中连片特困地区（见表 3 - 1），涉及 15 个州共 91 个县，在片区数量及片区下辖县数量上均居全国第一。在这 4 个集中连片特困地区 91 个县（市、区）中有 73 个国家级贫困县，占总数的 80.2%。截至 2012 年年底，这

---

　　① 吴仕民:《中国民族理论新编》，中央民族大学出版社，2008，第 19 页。

4 个片区内的贫困人口占云南省贫困人口总数的 80% 以上；深度贫困人口占全省深度贫困人口总数的 90% 以上；少数民族人口占全省少数民族总人口数的 70% 以上。2012 年年底，云南省贫困人口总数为 661 万，人均年纯收入低于 785 元的深度贫困人口数为 160.2 万。[①] 在云南省这 4 个片区内贫困人口总数超过 529 万，深度贫困人口数超过 144 万。此外，云南全省仍有 2.68 万个自然村未通公路，8679 个自然村未通电，165 万户有住房困难。由此可见，云南省这 4 个集中连片特困地区贫困问题十分严重。

表 3 - 1 云南省集中连片特困地区情况

单位：个

集中连片特困地区名称 （涉及云南省的）	覆盖的县(市、区) 数量	集中连片特困地区名称 （涉及云南省的）	覆盖的县(市、区) 数量
滇西边境少数民族贫困地区	56	滇桂黔石漠化区	11
乌蒙山区	15	四省藏区	3

注：另含 5 个天窗县（市、区）。天窗县指在国家集中连片贫困地区划分中，为照顾地理空间的整体性、科学谋划片区区域发展与攻坚，片区规划将 40 个不属于片区县，但被片区县完全包围或包围了大部分的县纳入规划范围。滇西边境山区共 5 个：腾冲县、古城区、思茅区、楚雄市、大理市。

资料来源：笔者查询相关集中连片特困地区的公开数据材料所得。

滇西边境少数民族贫困地区包括云南省 10 个州市共 56 个县（市、区）。其中包含 6 个少数民族自治州、20 个少数民族自治县，19 个边境县，以及 45 个国家扶贫开发工作重点县。这 56 个县（市、区）占全国集中连片特困地区所含 505 个县（市、区）的 11%；这 45 个国家扶贫开发工作重点县占云南省共计 73 个国家重点扶贫县的 61.6%。2010 年年底，滇西边境少数民族贫困地区总人口为 1751.1 万人，其中农村人口为 1499.4 万人，少数民族人口为 831.5 万人。按照农民人均年纯收入 2300 元的贫困标准，2011 年该地区有贫困人口 424 万人，占该地区总人口数的 24%，贫困发生率为 28.2%；2013 年，该地区贫困人口下降到 267.8 万人，贫困发生率也下降

---

① 资料来源：云南省扶贫开发领导小组办公室材料。

到 17.8%，占云南省 661 万贫困人口总数的40.5%。[①]

然而，该地区的贫困问题依然严峻，尤其是滇西边境一线的 16 个沿边跨境民族，在这些民族中深度贫困人口仍有 64.5 万人；8 个人口较少民族中贫困发生率高达 74.2%，基本处于整体贫困状态；景颇族、佤族、拉祜族、傈僳族这 4 个云南独有的民族，整体上也属于贫困状态，其贫困人口均占本民族人口总数的 50% 以上。[②] 另外，该地区的怒江州全州人口为 53.4 万人[③]，2013 年年底该州贫困人口数多达 23.99 万人；该州有 528 个深度贫困自然村，深度贫困人口达 5.89 万人，贫困发生率为 44.9%。[④]

滇西边境少数民族贫困地区处于边远山区、二半山区和高寒山区，自然条件恶劣、生态环境脆弱。很多地方的农业生产尚处于"靠天吃饭"状态，甚至缺乏基本的生存条件。2010 年，该地区的人均生产总值为 10994 元，仅相当于同年全国平均水平的 37%；农村居民人均年纯收入和城镇居民人均可支配收入分别为 3307 元和 13558 元，分别相当于同年全国平均水平的 55.9% 和71%，而且城乡收入差距的比例为 1∶4.09，远远超出了国际公认的 1∶3 的城乡收入差距警戒线。如表 3 - 2 所示，2010 年，该地区 10 个州市中仍有32.2% 的自然村未通公路；3.7% 的乡镇和 72.6% 的行政村未通沥青（水泥）路；整个地区高速公路通车里程仅为 872.8 公里，7 个州市尚未通铁路；7.3% 的自然村未通电，22.2% 的行政村未完成农村电网改造工程；基本农田中有效灌溉面积仅为 58.5%；8 个人口较少民族的聚集地中有 51% 的自然村未通柏油公路，有 18.7% 的自然村没能喝上安全饮用水。[⑤] 尤其是该地区贫困最为严重的怒江州，截至 2011 年，全州无高速公路、无铁路、无管道运输；州内仍有 1458 个自然村未通公路，还有部分自然村未完成索道改桥，人背马驮是该州农村地区的主要运输方式。

---

① 国务院扶贫开发领导小组办公室、国家发展和改革委员会：《滇西边境片区区域发展与扶贫攻坚规划（2011—2020 年）》，2012，第 10 ~ 11 页。
② 资料来源：云南省扶贫开发领导小组办公室资料。
③ 根据 2010 年第六次人口普查数据得出。
④ 资料来源：怒江州扶贫开发领导小组办公室材料。
⑤ 国务院扶贫开发领导小组办公室、国家发展和改革委员会：《滇西边境片区区域发展与扶贫攻坚规划（2011—2020 年）》，2012，第 10 ~ 11 页。

表 3 - 2　滇西边境少数民族贫困地区农村生活条件

单位：个，%

片区	县	行政村	不通沥青（水泥）路的村比重	未完成农网改造村比重	不通公路自然村比重	不能接收电视节目的自然村比重	未通电自然村比重	基本农田有效管理面积比重	无安全饮用水的自然村比重
滇西边境少数民族贫困地区	61	6155	72.6	22.2	32.2	16.1	7.3	58.5	18.7
11 个片区	545	131190	42.9	20.4	43.5	28.7	—	—	—

注：11 个片区是指：国家规定的 14 个连片特困地区中除西藏、四省藏区、新疆南疆三地州三个片区外的 11 个连片贫困地区。

资料来源：共济：《全国连片特困地区区域发展与扶贫攻坚规划研究》，人民出版社，2013，第134 页。

　　笔者于 2014 年 6 月在怒江州兰坪白族普米族自治县兔峨乡大麦地村彝族社村进行过调研。全村 24 户人家共 65 名居民，均为彝族，人均年纯收入2156 元，属贫困村。该村离最近的汽车站、农贸市场以及兔峨乡政府所在地均为 15 公里。虽然已有通村公路，但因是土路，所以路况极差、颠簸不平，而且下雨时泥泞不堪，行车安全缺乏保障。很多彝族农户家中除了必备的火塘①、木墩子、草墩子、木板床和锅碗瓢盆等生活用具外别无他物，看不到洗衣机、电冰箱等现代化的家用电器。条件好一些的家庭能养得起四五只羊或两三头猪；条件一般的家庭只能养一两头猪或六七只鸡；有的家庭只养得起四五只鸡，或者根本就养不起禽畜。农户家中通常一天只吃两顿饭，除了节日或来客人时有荤菜，平日都是煮一锅土豆或者酸菜米饭充饥，远远低于每人每天2100 千卡的国际公认热量标准，更别提营养均衡了。笔者了解到，许多农户家庭财产不足 1000 元，大多数农户一年的耕作仅能满足温饱，可支配的现金十分有限。

　　该村的贫困状况可以说是滇西边境少数民族贫困地区的缩影。该地区贫困问题的深度和广度都可以用"冰冻三尺"来形容。想要在这样一个地区取得

---

① 彝族的火塘是家中最重要的器具，主要用于取暖、照明、做饭以及人际交往、聚会、祭祀等。

扶贫开发攻坚战的胜利，实现真正意义上的民族平等和各民族共同繁荣，还有很长的路要走。

二 返贫现象频发，代际贫困传递严重

滇西边境少数民族贫困地区的少数民族贫困家庭，其抵御各项风险的能力普遍较弱，不少家庭存在后代重复前代贫困的代际贫困传递现象，这反映出该地区深度贫困和长期贫困的严重性。

（一）返贫现象频发

返贫，顾名思义就是指贫困人口在脱离贫困之后又重新陷入了贫困的状态，是由具备生存条件和能力到不具备生存条件和能力的情况。[①] 滇西边境少数民族贫困地区自然条件恶劣，生态环境脆弱，基础设施建设滞后，加之该地区生产生活成本高、风险高等因素，民众脱贫致富之路困难重重。而且，部分贫困人口暂时脱贫之后，一旦遭受天灾家难，就可能迅速返贫。返贫现象的广泛存在也反映了该地区贫困问题的长期性、艰难性。

因灾致贫在滇西边境少数民族贫困地区十分常见。该地区最常见的自然灾害是干旱。2009～2012年，云南省遭遇了罕见的连年旱灾，滇西边境少数民族贫困地区是重灾区之一。在笔者调研的红河州，截至2013年年底，全州因灾返贫人口为82787人。[②] 笔者于2014年7月在红河州金平县营盘乡老街村调研时采访了11家长期贫困农户，全都有因此次旱灾返贫的经历；在受访的其余56家贫困农户中，有3%的农户在旱灾期间返贫。

滇西边境少数民族贫困地区的另一大自然灾害是地震。该地区地震活动频繁且破坏性较强，占据了云南省8个地震带中的5个。[③] 但该地区防御地震灾害的能力较弱，一旦地震来袭，民众生命财产、公共设施和基础设施都会遭受严重损失，十分容易出现因震灾返贫的现象。

---

① 陈全功、程蹊：《少数民族山区长期贫困与发展型减贫政策研究》，科学出版社，2014，第70页。

② 资料来源：红河州扶贫开发领导小组办公室材料。

③ 滇西边境少数民族贫困地区的五大地震带（区）：中甸－大理地震带（区）、腾冲－龙陵地震带（区）、澜沧－耿马地震带（区）、思茅－普洱地震带（区）、南华－楚雄地震带（区）。

除因灾返贫外，因教返贫也比较常见。笔者在红河州、楚雄州和怒江州调研期间了解到，对于子女在义务教育阶段的贫困家庭，除去国家"两免一补"① 的费用后，按照最低住校生活标准来计算，小学生每年每人至少还需500元，初中生至少还需700元到800元。该地区农村平均每个家庭有两个在读子女，这笔费用对于贫困家庭来说不是一笔小数目，更不用说之后孩子上高中或大学的高昂费用。以笔者访谈的红河州金平县营盘乡老街村的刀某家为例，其女儿在昆明读大学，每年学费住宿费共需5000元左右；每年生活费、杂费也要5000元左右，即使申请了大学生助学贷款，每年也需由自己承担至少5000元左右。刀某弟弟的儿子在县里读高中，每年学费、书本费、住宿费加起来至少需要1300元，生活费、杂费加起来至少需要3000元。这些费用对于人均年收入只有3200元的刀某家和只有2900元的刀某弟弟家来说，经济负担过于沉重。刀某说："我们没有文化知识，一辈子就这样了，但不管咋个苦，一定要供娃娃读书。我们村大学生总共就六七个，好多都是上完初中就出去打工了。供个高中生日子要比以前困难些。我和弟弟家供娃娃读书，房子也暂时盖不起，村里贴补做一些项目也搞不起。现在政策好，日子比以前好，但供娃娃读书家里开支比以前紧张。"应该看到，在非义务教育阶段因教返贫大多是一种暂时性现象，一般在孩子完成学业后就会有所缓解。教育投资的本质是对人自身综合素质的投资，是对人力资本的投资。从长远看，这笔投资提高了贫困民众自我发展的潜力潜能，在个人的文化及综合素质上有助于彻底地摆脱贫困，因而具有相当高的附加价值。目前的当务之急，是在扶贫开发工作中进一步提供非义务教育阶段的帮扶，进一步加大非义务教育阶段的帮扶力度，以减少贫困民众因教返贫的现象，提升他们对下一代进行非义务教育投资的热情。

除因灾返贫、因教返贫外，因病返贫也是该地区常见的返贫现象之一。滇西边境少数民族贫困地区的新农村合作医疗覆盖率已在91.8%②以上，很大程度上减轻了贫困群众看病就医的负担。但是，很多刚刚脱离贫困的家庭仍可能

---

① "两免一补"：免除农村义务教育阶段贫困家庭学生杂费、书本费，补助寄宿生生活费。
② 国务院扶贫开发领导小组办公室、国家发展和改革委员会：《滇西边境片区区域发展与扶贫攻坚规划（2011—2020年）》，2012，第12页。

因遭遇重大疾病而返贫。一旦家庭成员中有患重大或长期疾病者，特别是主要劳动力患病全部丧失或部分丧失劳动能力的家庭，即使参加了"新农合"依然可能返贫，原因在于医药费报销的种类、比例和时间均有限制，但是家庭收入减少，日常支出和医疗费用却在增加，自然导致贫困。更糟的是，患病者一旦无力支付医疗费用或病情加重，往往会陷入贫病交加的恶性循环中无法摆脱贫困。扶贫开发如何能为身患重大疾病的贫困户编织一张安全网，使其免受疾病和返贫的双重打击，是滇西边境少数民族贫困地区扶贫开发工作中亟待解决的一个问题。

值得注意的是，返贫问题比单纯的贫困更具危害性。因为它不仅带给返贫者经济上和身体上的打击，更给返贫者带来沉重的心理上的打击。返贫者，尤其是多次返贫者，往往因为遭受经济、身体和心理的多重打击，其脱贫信心崩溃，落入长期贫困。

（二）代际贫困传递严重

贫困的代际传递（intergenerational transmission of poverty）是指在贫困以及导致贫困的相关条件和因素的影响下，贫困家庭的子女继承父母的经济贫困及其多方面的诱发因素，并再次传递给后代的恶性循环。[①] 这种后代继承前代贫困的现象在滇西边境少数民族贫困地区并不少见，并成为该地区长期贫困的一个典型表现和深层原因。

贫困的代际传递是一个长期过程，而且我国的贫困监测体系中尚没有相关指标数据，只能通过对贫困户的调研访谈了解相关情况。以笔者在怒江州兰坪县兔峨乡大麦地村地公娜村的调研为例。该村有 43 户家庭共计 169 人，均为傈僳族。2013 年全村人均年纯收入为 1977 元。按照 2011 年 2300 元的贫困线标准，43 户均为贫困户。其中深度贫困者[②]有 19 户共 74 人；深度贫困户中又有 16 户为三代或四代同堂。以访谈中的乔某家为例，乔某家现有 6 人，即乔某、乔某的母亲、乔某的妻子、一子一女和乔某的哥哥。乔某爷爷辈时，全村仍处于"刀耕火种"的原始社会末期，乔家极度贫困。乔某父母这一代一步

---

① 陈全功、程蹊：《少数民族山区长期贫困与发展型减贫政策研究》，科学出版社，2014，第 56 页。

② 深度贫困是指国家规定农民人年均纯收入低于 785 元的贫困人口。

跨越、过渡到社会主义社会，但因自然、经济、社会等原因，乔某父母一代并未实现温饱。到乔某这一代，国家的扶贫开发政策帮助其解决了温饱，但乔某因缺知识、没技术、创收能力有限，加之右手轻度残疾、其哥下身完全瘫痪、母亲年迈、两个孩子都在上学等，家庭不仅欠债较多，而且缺乏劳动力，脱贫难度极大。笔者了解到，除了这 16 户深度贫困家庭外，该村 93% 的村民都认为自己贫困的主要原因之一是继承了上一代的贫困。纵观滇西边境各个少数民族贫困地区，特别是"直过区"，很多贫困人口在新中国成立之前就已经处于世代贫困之中，其贫困的代际传递具有强大的社会经济和历史文化惯性。可以说，贫困的代际传递既是该地区长期贫困的一个典型表现，也是造成其长期贫困的一个深层原因。如何阻断代际贫困的恶性循环和强大惯性，已成为该地区扶贫开发的一个关键的课题。

三　城镇化困难重重，产业结构不合理

滇西边境少数民族贫困地区的很多地方并不具备良好的城镇化条件，城镇化发展严重滞后，且区内长期以来存在着产业结构不合理的状况，而该地区的多民族特性意味着，城镇化进程中的民族关系难免存在隐忧。这些情况都在一定程度上制约了该地区经济社会的发展步伐。

（一）城镇化困难重重

1. 城镇数量少，辐射能力弱

按照《中国中小城市发展报告（2010）》提出的城市划分标准，市区常住人口在 50 万以下的为小城市，50 万～100 万的为中等城市，100 万～300 万的为大城市，300 万～1000 万的为特大城市，1000 万以上的为巨型城市。根据这个标准，滇西边境少数民族贫困地区城市数量少且规模小。如表 3 – 3 所示，滇西边境少数民族贫困地区的 10 个州市，共有县级市 13 个、市辖区 4 个、县城镇 62 个、乡镇 760 个。在规模上，该地区没有大城市，有 4 个中等城市，其余均为小城市，怒江州甚至没有城市。在空间分布上，该地区的城市离云南省的中心城市较远。例如与省会昆明的距离，最近的楚雄州州府相距 160 公里，最远的德宏州州府则相距 733 公里，而且该地区与中心城市间的公路及其他交通条件尚不完善。两个因素相加，使得中心城市对该地区扶贫开发的辐射

和拉动作用相当有限。在城镇化率上，2010 年该地区的城镇化率在 11 个集中连片特困地区[①]中排名第 7 位，仅为 27%。同期，我国总体城镇化率为49.7%，云南省城镇化率为 35.2%。该地区城镇化水平落后全国平均水平22.7 个百分点，落后云南省平均水平 8.2 个百分点。虽然 2013 年该地区城镇化率提高到 32.97%，但同期，我国总体城镇化率也已提高到 53.73%，云南省城镇化率也提高到 39.31%。[②] 该地区仍落后全国平均水平 20.76 个百分点，落后云南省平均水平 6.34 个百分点。

表 3 - 3　滇西边境少数民族贫困地区主要城镇

地区	县级市(个)	市辖区(个)	县城镇(个)	乡镇(个)	辖区面积（平方公里）	城镇化率（%）
保 山 市	1	1	4	70	19600	29.03
丽 江 市	1	1	4	59	20557	32.63
普 洱 市	1	1	9	103	45385	35.90
临 沧 市	1	1	7	75	24469	33.90
楚 雄 州	1	0	9	103	29000	37.46
红 河 州	4	0	9	130	32931	39.97
西双版纳州	1	0	2	31	19582	40.44
大 理 州	1	0	11	110	29459	39.21
德 宏 州	2	0	3	50	11526	38.70
怒 江 州	0	0	4	29	14703	25.31
合计/平均	13	4	62	760	247212	32.97

资料来源：笔者根据《云南省统计年鉴》（2011 年、2012 年、2013 年）及统计公报整理而成。

　　总体看来，滇西边境少数民族贫困地区城市数量少，城镇化率低，城镇发育程度不足，且离省内中心城市较远，后者对扶贫开发的拉动作用难以充分发挥。该片区小城镇数量虽多，但其功能单一，辐射带动能力弱，发展水平相对滞后。这制约了城镇经济规模效益的发挥，制约了新增就业机会的增长，从而

---

① 除西藏、四省藏区、新疆南疆三地州这三个片区外的 11 个片区分别是：武陵山区、乌蒙山区、秦巴山区、滇桂黔石漠化区、六盘山区、大兴安岭南麓山区、燕山 - 太行山区、吕梁山区、大别山区、罗霄山区。

② 城镇化率数据根据中国统计局网站和云南省统计局网站数据整理而成。

制约了该地区经济社会的发展步伐。

2. 城镇化进程中的民族关系存在隐忧

"民族关系是具有特定内涵的特殊的社会关系，是民族发展过程中相关民族之间的相互交往、联系和作用、影响的关系，是双向的、动态的。"① 它是在人们的交往联系中，既具社会性又具民族性的社会关系，其"核心涉及民族的地位和待遇、权力和利益、意识和感情"。② 所谓城镇化进程中的民族关系，在本研究中是指城镇化进程中，少数民族大批迁入城镇后，各族民众在城市日常工作生活过程中的交往关系。它是由于各自的民族特征与差异形成的带有鲜明民族性的社会关系，并且对民族之间关系产生影响。随着城镇化进程的加快，当地各民族之间的社会交往和经济联系正变得日益紧密，而这种越发广泛和深入的、民族间的交往与联系不仅促进了经济发展，也正不断重新塑造着各民族间的关系。衡量城镇化进程中民族间的交往活动是否影响民族关系，关键是看这种交往活动是否具有与民族性相关的内涵，只有具有民族性内涵的交往活动才可能对民族关系构成影响。③ 笔者经过调研发现，滇西边境少数民族贫困地区在城镇化进程中这种具有民族性内涵的交往活动，以及由此产生的新的民族关系已经开始形成，这种民族关系总体上良好，但也存在着一定的隐忧。

以怒江州泸水县为例。泸水县总人口18.2万人，其中少数民族人口有15.9万人，占总人口的87.4%；傈僳族约占总人口的55%，还有汉族、白族、彝族、景颇族等其他十几个民族。④ 在2014年6月的实地调研⑤中，笔者观察发现，泸水县城的汉、傈僳、白、彝等民族之间的关系，在总体上是平等、团结、互助、和谐的社会主义新型民族关系。这主要得益于党的民族政策的落实、当地经济的发展、民族间的紧密交流、较温和的民族性格。但与此同时，笔者发现泸水县城各民族间在交往中存在一些不足，也存在一些隐忧。例如民族间的语言障碍、时有显现的民族偏见、民族经济交往范围和深度上的局

---

① 金炳镐：《民族关系理论通论》，中央民族大学出版社，2007，第166页。
② 金炳镐：《民族理论通论》（修订本），中央民族大学出版社，2007，第195页。
③ 金炳镐：《民族理论通论》（修订本），中央民族大学出版社，2007，第261页。
④ 资料来源：怒江州泸水县政府提供。
⑤ 笔者选择泸水县的沿街商铺、饭店、旅馆、客运站等地，共发放调查问卷103份，收回有效问卷97份。

限性等。

第一，民族交往中的语言障碍。笔者收回的调研问卷中有 35%[①]的人认为民族语言不通成为民族交往中的障碍，这部分人大多是中老年人，他们往往只会说本民族语言。有被访者认为自己"只会讲本民族语言，会一些简单的汉话，所以很难和其他民族的人进行深入交流，有时候做生意也会受到影响"。笔者在调研中还注意到一个现象：不同民族的群众聚在一起交流时，其中同一个民族的人之间通常还是只说本民族语言，而很少顾及其他民族人们的感受。

第二，民族交往中仍然存在民族偏见。在收回的调查问卷中，有 37%[②]的人承认自己存在民族偏见。这个数字不容小觑，因为考虑到受访者个人认知和答卷心态的影响，实际存在民族偏见者的比例很可能远高于 37%。当笔者问及如何产生这些偏见时，大多数被访者说是从老一辈人那里听说的，也有一部分人是从自身经历得出些刻板印象的。这些民族偏见是泸水县城民族关系中的潜在隐患。

第三，经济交往中更倾向于与本民族来往。问卷中有 67%[③]的被访者更倾向于与本民族人做生意。其原因很可能在于语言不通，以及民族偏见导致了民族间相互的不了解和不信任。另有一部分被访者认为，本民族内部的经济交往更有利于本民族的繁荣发展。这种观点不免过于狭隘：把经济交往限制于本民族内部，短期内似乎有利于本民族的发展，但长期来看，这种做法必然限制其经济交往和经济效益，而且会加深既有的民族间隔阂与偏见，因而既不利于本民族的长远利益，也不利于民族关系的良性发展。

泸水县城的民族关系反映了滇西边境少数民族贫困地区城镇化进程中民族关系的基本状态。目前，在该地区各民族间关系上，平等与和谐占据着主导地位。即便如此，我们也必须正视和努力消除现实存在的民族关系中的种种隐患。应当看到，该地区的多民族特性意味着，如果这些隐患得以降低或消除，

[①] 笔者共发放问卷 103 份，收回有效问卷 97 份。在回答问题"民族语言不通是否成为民族交往过程中的障碍"时，有 34 人选择"是"，占有效问卷的 35%。

[②] 笔者共发放问卷 103 份，收回有效问卷 97 份。在回答问题"日常民族交往中是否对其他民族存在一些偏见"时，有 36 人选择"有一点"，占有效问卷的 37%。

[③] 笔者共发放问卷 103 份，收回有效问卷 97 份。在回答问题"在民族间经济交往中你更倾向于哪个民族的人"时，有 65 人更倾向于与本民族人交往，占有效问卷的 67%。

城镇化进程中的民族关系就会得到较好的协调与维护，那么该地区扶贫开发的成果将被各民族平等地分享；反之，如果任这些隐患发展，将很可能导致各民族间失去团结并产生矛盾对立，那么该地区的扶贫开发事业必将面临极大的困难和损失。

（二）产业结构不合理

长期以来，滇西边境少数民族贫困地区产业结构不合理，各项产业（尤其是可以持续带动脱贫致富的第二、第三产业）基础薄弱。首先是三大产业①之间结构不合理，第一产业比重过大。以 2010 年为例，该地区三大产业结构的比例为 26∶37∶37，而同年全国三大产业的结构比例为 10∶47∶43。两者之间第一产业的比例差异最为明显，滇西地区高出全国平均水平 16 个百分点。另外，滇西边境少数民族贫困地区的产业不仅结构单一，第一产业是支柱产业，而且其生产率很低，缺乏农产品深加工产业链条。特色经济作物的种植规模小、效益低、产品深度开发不足，因而难以转化为优势产品和产业。

该地区第二产业的发展严重滞后。该地第二产业多为咖啡、蔗糖、橡胶等农产品加工业，另有一些水利水电能源工业以及有色金属加工业，都是利润空间小、技术含量低的初级商品加工业，而且这些企业多集中在交通便利的资源区或州府县城。然而，交通不便地区的广大少数民族贫困地区只能生产初级农产品，没能建立农业种植业与农产品加工业之间的产业链条，不能增加农产品的附加值，而初级农产品受自然灾害和市场价格变化的影响较大且储藏和运输困难，加之当地交通运输等基础设施落后，从而在很大程度上制约了该地区的经济发展。

该地区的第三产业起步较晚且基础薄弱，尤其是物流体系不健全，配套信息网络不完善，这些已成为该地区第三产业发展中的"短板"。以旅游业为例，滇西边境少数民族贫困地区是云南省旅游业的重要片区之一，但其产业增加值绝大部分集中在旅游业基础较好的州（市）府（中心），而广大滇西农村地区因服务业发展不完善及配套设施不健全，当地丰富的旅游资源尚未得到充

---

①　我国经济通常采用三次产业结构的分类方法，即第一产业、第二产业和第三产业。一般来说，第一产业指的是农业，第二产业指的是工业，第三产业指的是服务业。

分的、深度的开发，未能很好地发挥其推动经济、带动扶贫的作用。以怒江州兰坪县兔峨乡大麦地村为例，该村 2012 年经济总收入为 326.18 万元。其中第一产业收入 258.54 万元（种植业收入为 149.86 万元，畜牧业收入 108.68 万元），第二、第三产业收入仅 39.50 万元；村民人均年纯收入为 2206 元。① 村民收入以种植业为主，玉米、马铃薯和大豆为该村主要农作物，品种单一、附加值低；村民养殖的家禽多为自己食用；在该村具有特色的花椒、核桃等经济林果，因缺乏配套加工产业和商业网络，且仓储、包装和运输条件差，难以提升其经济价值。笔者在该村实地调研中听村中的花椒种植户反映："一到下雨天，我们这里路不好走，镇里来收花椒的老板都不愿意进来，愿意去路好走的地方去收。我们就只能自己背着出去到乡镇集市上卖。想卖到市里，没有人收购，我们自己根本不行。而且我们这一片都种花椒，进来收花椒的老板会压我们的价。如果我们自己不想办法卖到其他地方，根本卖不到好价钱。"

对于滇西边境少数民族贫困地区的扶贫开发事业来说，优化产业结构，培育支柱产业、优势产业、特色产业，着力发展第二、第三产业是当务之急，因为这关系到该地区扶贫开发的经济成果能否形成良性的产业循环，并提升当地经济的自我发展能力，从而使当地群众的脱贫致富长久可持续。而就该地区产业发展的实际状况看，完善交通运输等基础设施和率先发展当地优势产业应该是重中之重。

第二节　复合型贫困现象较为突出

一　人力资本的困境

人力资本包括用以形成和完善劳动力的各种投资，其中包括教育投资、保健投资和劳动力迁徙投资等。这些投资用于提升劳动者的文化知识、提高其综合素质，增强其工作能力，以及协助其自由流动等。② 人力资本直接影响劳动

---

① 资料来源：笔者调研材料。
② 陈应鹏：《人力资本与经济增长——舒尔茨的"人力资本"理论述评》，《社会科学》1991 年第 6 期。

者个人的创收能力，决定着其个人和家庭的收入水平。[1] 本研究对滇西边境少数民族贫困地区人力资本的讨论主要集中于该地区贫困人口的文化知识水平和营养健康状况两个方面。

（一）民众普遍受教育时间短、文化程度低

受教育水平是衡量个人能力的重要指标，它往往意味着识字算数、理解执行、观念意识等多方面素质的高低。有研究指出，个人所受教育年限每增加一年，其就业概率和工资收入分别会上升 10 个和 6 个百分点。[2] 在扶贫开发中，受教育程度的上升有助于提高脱贫效率、降低返贫率，有利于提高自我发展能力、发家致富能力。但是，滇西少数民族贫困地区民众的受教育现状不容乐观，普遍存在的问题是受教育年限短，大多局限于普及教育、义务教育阶段，如表 3 - 4 所示。

表 3 - 4　2010 年滇西边境少数民族贫困地区受教育情况

地区	农村适龄儿童入学率(%)	居民平均受教育年限(年)	高中阶段毛入学率(%)	村小学危房面积（万平方米）
滇西边境少数民族贫困地区	94.9	8.2	52.4	540.8

资料来源：根据《2010 年全国教育事业发展统计公报》和《云南省统计年鉴》（2011 年）整理而成。

从表 3 - 4 可以看出，该地区的基础教育水平较低，办学条件有待改善。2010 年有 5.1% 的农村适龄儿童未入学，高中教育的毛入学率较低，相当一部分学生刚接受完九年义务教育就停止了学习；村小学危房面积达到 540.8 万平方米，可见在我国扶贫工作进行近 30 年后，该地区的基础教育设施条件仍然相当落后。

表 3 - 5 将滇西边境少数民族贫困地区 6 岁以上人口中，未受过教育者和受过大专及以上教育者分别占本民族人口的比例与全国的相关比例做了简单对比。由表 3 - 5 可见，该地区各少数民族受教育水平均低于全国平均水平。其

---

[1]　陈全功、程蹊：《少数民族山区长期贫困与发展型减贫政策研究》，科学出版社，2014，第 87 页。

[2]　陈全功、程蹊：《少数民族山区长期贫困与发展型减贫政策研究》，科学出版社，2014，第 90 页。

中未受过教育者占本民族人口比例最高的为傈僳族，达 18.43%，是全国平均水平的近 4 倍；除了白族和景颇族外，其余少数民族此项指标均在 10% 以上。受过大专及以上教育者人口比例最低的傈僳族仅为 2.62%，不到全国平均水平的三分之一；此项指标除了白族为 7.96%（也低于全国平均水平）外，其余少数民族均低于 5%。这两组数据表明该地区少数民族的受教育水平远低于全国平均水平，这无疑严重制约了扶贫工作中的人力资本开发与提升，严重影响了贫困民众的脱贫步伐。对于社会经济发展水平相对落后的滇西边境少数民族贫困地区而言，大力发展职业教育，是十分适合该地区扶贫开发实际情况的有效举措。职业教育既可以在一定程度上弥补民众受教育时间短的不足，也可以拓宽新增劳动力的就业渠道，可以有效提高该地区各项产业的技术含量。然而，目前滇西地区的实际状况是职业学校招生难与工厂企业技工荒并存，而农业科技扶贫项目又往往因农户缺乏知识、缺乏技术而难以推广。

表 3 - 5　2010 年滇西边境少数民族贫困地区 6 岁以上人口中未受教育者及受大专以上教育者所占本民族人口比例

单位：%

民族	未受教育	大专以上	民族	未受教育	大专以上
彝　族	14.30	3.78	白　族	5.83	7.96
布依族	12.23	4.55	景颇族	9.44	3.72
哈尼族	14.52	3.03	傈僳族	18.43	2.62
傣　族	11.29	4.03	全　国	5.00	9.53

资料来源：根据国家民委网站、国家统计局网站资料及《云南省统计年鉴》（2011 年）整理而成。

　　2010～2011 年，怒江傈僳族自治州泸水县和丽江市宁蒗彝族自治县两个国家级贫困县的中等职业学校在校生人数分别为 192 人和 210 人。[①] 笔者调研发现，在职业学校中农业类专业受到冷落，而汽车修理、电子电工、酒店服务、美容美发等专业较受欢迎。访谈中大部分学生表示毕业后打算到外面闯一闯，因此更愿意学一些在城市里受欢迎的专业。通过调研笔者发现，一方面该地区民众（特别是广大农户）对职业教育不了解，没有认识到职业教育有可

---

① 数据为笔者调研所得。

能是其掌握一技之长、脱贫致富的有效途径；另一方面，职业教育没能与扶贫开发项目很好地联动起来，没能很好地为后者提供必要的技术培训支持。此外，已经拥有一技之长的当地人才大量流向外地。这说明目前的扶贫开发项目往往在人才吸引力上存在不足，亟待改进；否则，该地区农村有效劳动力不断流失、种植养殖业人才缺乏的情况将无法得到改善，从而极大地制约扶贫开发工作的实施与实效。

（二）医疗健康条件差

身体素质和健康状况是人力资源的基础，它取决于先天遗传、后天营养和医疗卫生等条件的共同作用。我们常用结果性指标（如人均预期寿命、婴儿死亡率等）以及条件性指标（如医疗卫生、饮用水等）来衡量之。表 3 - 6 部分地反映了滇西边境少数民族贫困地区的医疗健康水平。

根据表 3 - 6，2010 年滇西边境少数民族贫困地区人口的平均预期寿命为 65.49 岁，低于当年全国人口平均预期寿命 9.34 年。从医疗条件看，该地区人均卫生支出仅为 319 元；仍有 8.2% 的农村居民未参加新型农村合作医疗；8.2% 的行政村没有卫生室；近 15.1% 的行政村没有合格的村医；每万人的卫生技术人员仅为 18 人，每万人的医院、卫生院仅为 1.3 个，床位仅有 22.9 张。可见，该地区医疗服务的软硬件能力均不足、医疗保健力量弱、医疗卫生事业滞后。

表 3 - 6 2010 年滇西少数民族贫困地区人口健康条件

人口平均预期寿命（岁）	人均卫生支出（元）	农村村级卫生室覆盖率（%）	农村合作医疗参合率（%）	有合格村医的行政村比重（%）	每万人口医院、卫生院数（个）	每万人口床位数（张）	每万人口医疗卫生技术人员数（人）	孕产妇死亡率（‰）	新法接生率（%）	婴儿死亡率（‰）
65.49	319	91.8	91.8	84.9	1.3	22.9	18	0.7	97.5	0.6

资料来源：共济：《全国连片特困地区区域发展与扶贫攻坚规划研究》，人民出版社，2013，第 26 页。

同时，滇西边境少数民族贫困地区的基本生存条件较为恶劣，很多民众缺乏充足的营养供给，而该地区特有的水土条件也导致一些地方病难以根除，有的地区情况还很严重。这些问题都对当地人民群众的身体健康造成了严重威胁。如表 3 - 7 所示，滇西边境少数民族贫困地区的 61 个区县中，56 个区县有碘缺乏症或高碘症，占比为 91.8%；克山病、大骨节病、氟中毒、砷中毒或高砷等地方病，成为该地区农民因病致贫的一大根源。由于地方病病理和发病规律的特殊性，一些顽疾至今未彻底根除。它们既严重威胁人民群众的生命健康，又严重破坏当地的人力资源，对该地区的扶贫开发造成重大障碍。

表 3-7　滇西边境少数民族贫困地区地方病病区县数量

单位：个

地点	地方病病区县				
	克山病	大骨节病	碘缺乏或高碘	氟中毒	砷中毒或高砷
滇西边境少数民族贫困地区(61 个区县)	18	1	56	9	6

资料来源：共济：《全国连片特困地区区域发展与扶贫攻坚规划研究》，人民出版社，2013，第 24 页。

　　民众的身体素质除了医疗卫生条件，还与个人的生活习惯以及环境因素息息相关。笔者在该地区通过调研发现，几乎所有少数民族贫困地区家庭的饮食结构都不合理，十分单一，通常是自己种什么就吃什么，最常见的食物是土豆、玉米、南瓜和酸菜。这样的饮食结构缺乏全面均衡的营养搭配，往往造成居民营养不良、身体素质下降，甚至为各种疾病和地方病的流行创造了条件。笔者在怒江州兰坪县兔峨乡彝族社村访谈时注意到，村里的青少年普遍发育不良：身高看起来像是十一二岁的孩子，实际年龄却往往是 17 岁以上。

　　调研中还发现很多少数民族地区存在不良卫生习惯，如人畜同住、喝生水、随地吐痰、饭前便后不洗手等。另外，缺乏安全的饮用水也是影响当地群众身体健康的一大问题。滇西边境少数民族贫困地区饮水有困难的农户比例为43.4%；未解决农村饮用水的农户比例为 64.1%。[1] 以怒江州兰坪白族普米族自治县兔峨乡地公娜村为例，在该村 43 户人家中 37 户有饮水困难或水质未达标，全村未通自来水。[2] 据笔者了解，国家已投入专项资金对该村的人畜饮水进行改造，修建了一些节水窖、小水池，但这远远不能满足全村人的用水需求，而一些需要农户出资配合的人畜饮水改造项目，由于农户经济贫困无法承担所需费用而暂停搁置。从以上案例可以发现，该地区农村医疗卫生条件的改

---

[1]　国务院扶贫开发领导小组办公室、国家发展和改革委员会：《滇西边境片区区域发展与扶贫攻坚规划（2011—2020 年）》，2012，第 14 页。

[2]　数据为笔者调研所得。

善面临两难困境：一方面，国家的投入在最为基层的村一级常常无法充分满足贫困人口的需求；另一方面，贫困人口由于自身经济能力有限而无法有效自助。这是该地区扶贫开发工作中不得不考虑和重视的一个深层问题。

二　社会资本的困境

与人力资本一样，社会资本在贫困家庭的日常经济生活中占据重要地位。社会资本在很大程度上决定了贫困户获取信息的机会和解决问题的能力，[①] 也直接影响到其家庭的创收能力和福利资源。对少数民族贫困地区的农户来说，社会资本是指其能够利用和依靠的社会关系网络。它一般由四部分组成：家庭亲属网络、乡亲邻里网络、个人朋友网络以及行业同事网络。[②] 一般的，社会资本具有门槛较低、基础较广的天然优势。然而，滇西边境少数民族贫困地区普遍面临着贫困人口社会资本不足的窘困。

（一）社会关系简单

滇西边境少数民族贫困地区主要是传统的农村社会。贫困人口多居住在偏远的山区乡村，其人口密度低，人际关系网络简单，具有明显的封闭性。在怒江州兰坪白族普米族自治县兔峨乡彝族社村，笔者经调研了解到，该村 24 户家庭的社会资本主要为亲属，其次是邻居，而与村干部、乡干部交往较少，更不要说与公司老板、企业家、商人的联系了。图 3-1 的调查数据显示，该村村民的社会关系网络较为狭窄，遇到困难多求助于亲戚朋友。

（二）缺乏社会资本拓展途径

笔者在实地调研中发现，由于受自然条件、经济水平、思想观念以及社会关系网络等方面的局限，滇西边境少数民族贫困地区长期以来处在封闭状态，对外联系甚少。以怒江州兰坪县兔峨乡地公娜村和彝族社村为例，两村 64 户共计 234 人中，仅有 11 人外出打工，其中省内 9 人、省外 2 人，带动同乡外出务工的示范推动作用有限；两村均缺乏具有号召力、敢于闯市场的经济发展带头人。另外，调研中还了解到，两村还有 37 人未曾到过州府，仅有 14 人到

---

① 李志阳：《社会资本、村务管理对农民收入影响的实证分析》，《兰州学刊》2011 年第 1 期。
② 沈茂英：《生态脆弱民族地区社会资本与农户增收研究》，《西南民族大学学报》2012 年第 7 期。

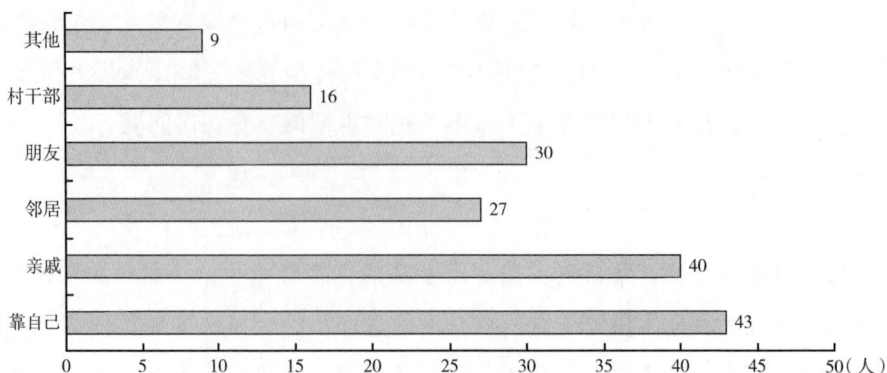

图 3 - 1　当你遇到困难时会向谁求助

过省城。这种社会资本的匮乏和拓展困难，不仅极大地限制了该地区贫困人口的脱贫路径与致富机会，而且造成其眼光视野的狭窄、思维方式的狭隘和行为方式的守旧，从而构成扶贫开发工作中的思想文化和观念的障碍，并可能通过代际传递沉积为长期贫困的思想文化基础。

三　民族文化的困境

滇西边境少数民族贫困地区道路交通不便、生产生活方式滞后，人们的思想受到传统保守观念的束缚较大，贫困人口容易形成自我封闭意识，各种落后的传统仪式制约着科学文化知识和现代经济理念的传播。同时，如何协调少数民族传统文化与现代社会思想观念的对接，在重视和保护少数民族传统文化价值的同时，在经济上和文化观念上跟上时代发展的步伐，这成为扶贫攻坚过程中的一大挑战。另外，近年来边境地区频繁的境外民族和宗教势力的渗透活动，也使边境地区民族文化安全面临严重威胁，加大了该地区扶贫开发工作的难度。

（一）传统思想的桎梏

在滇西边境少数民族贫困地区，自给自足的自然经济长期占主导地位，普遍存在着小富即安、重义轻财、平均主义、耻于经商等小农经济思想，以及男逸女劳、重男轻女、安贫乐道、方术迷信、崇尚鬼神等因循守旧、封建迷信的落后观念。该地区贫困人口对改变自身现状的自觉性往往并不高：他们常常甘愿承袭传统的经济文化模式，故步自封、不思变革，不敢参与社会竞争或不愿在竞争中承担风险；在生产活动中缺乏主动性、创造性和灵活性，具有浓厚的保守思想和听天由命的观念。[1] 这些观念和文化习俗已经成为当地扶贫开发的隐形思想桎梏。

笔者在调研中发现，该地区几乎每个少数民族都有吃"长街宴"[2] 的习俗，这虽体现了少数民族热情大方、重义轻财的文化观念，但从经济学角度考虑，它增加了贫困农户的经济负担，不利于其资本积累。另外，很大一部分少数民族贫困人口不顾自身经济能力攀比建房，把大部分钱花在房屋的外表装修而不是内部舒适上。房主往往因建房而负债累累，但实际的生活质量却没有显著提高。还有的贫困群众思想因循守旧，加之缺乏社会资本，其外出打工的积极性弱，也没有自力更生脱贫致富的信心。

另外，部分少数民族的一些生活习俗、消费观念不科学，主要是不重视生产性积累，发展观念较为淡薄。他们即便拥有富余的资金和资源，也往往将之用于非生产性消费，而不是用于资本积累或者扩大再生产。以兰坪县兔峨乡彝族社村为例，笔者在其生活习俗中观察到了多种不利于脱贫致富的现象。例如，该村共有 24 户人家，均为彝族，其中 16 户的烟酒、红白事、宗教仪式等消费支出高于生产生活支出；彝族人喜好饮酒，该村大部分家庭都会将富余的粮食用来酿酒，即使没有余粮，也会从收成中分一部分出来酿酒；村民信奉彝族原始宗教，凡遇生活大事，如婚丧嫁娶、疾病灾祸等，都要花钱请"毕摩"（神职人员）来占卜、念经、祈福和"驱魔除咒"。这笔开销对村民来说往往是沉重的经济负担。

不可否认，滇西边境少数民族的传统思想与文化习俗，承载着这些民族深厚的历史底蕴，体现着他们的民族特色，具有很高的历史价值和文化价值。但是，随着时代和社会的发展，这些少数民族传统思想与文化习俗

---

[1] 晓根主编《全面建设小康社会进程中的云南"直过民族"研究》，中国社会科学出版社，2011，第 170 页。

[2] "长街宴"是指一些少数民族在婚丧嫁娶或民族节日期间，由村寨的负责人统一组织安排，每户人家筹备一桌 8 个以上精心烹制的菜肴。一场长街宴通常都会有几十桌甚至几百桌，时间则是一天或两三天不等。在此期间，任何人来吃喝都不用交纳费用。

中的有些部分，尤其是上文中所提到的那些，已经显露出其陈旧落后、不适应时代发展的一面，在一定程度上阻碍着该地区扶贫开发的深入开展。这就需要我们通过积极引导，在自愿的原则下，对其进行取其精华、去其糟粕的改良。

（二）民族文化面临断裂风险

滇西边境少数民族贫困地区由于长期贫困，民族文化事业落后，民族文化传承人出现断层，民族文化技艺传承途径匮乏，民族文化脉络在很大程度上面临着断裂的风险。滇西边境少数民族中仅有彝族、景颇族、傣族、白族、纳西族等几个民族有文字，其余民族的文化多以口头流传、歌舞、绘画等形式得以传承。该地区的年轻人一方面缺乏对本民族文化的热情，忽视传承民族文化的巨大价值；另一方面，他们由于受到外来现代文化的极大冲击，往往产生文化自卑心，觉得本民族文化"土气"。在楚雄州双柏县和怒江州兰坪县这两个国家级贫困重点县，笔者对年龄在15～24周岁的少数民族群众进行了问卷调查，内容包括"你平时的生活中更愿意接触哪种文化，如音乐、影视作品、书籍等"。在收回的72份有效问卷中，有59人更愿意去接触所谓更"大众"或更"流行"的文化，仅有13人更愿意接触本民族文化。调查发现在少数民族聚居区内，精通民族歌舞、文学、手工技艺和议事规则的人多为70岁以上的老者。他们希望将自己的技艺传承下去，但常常难以找到适合学习且愿意学习的本民族年轻人，民族文化面临着后继乏人的困境。

少数民族文化的传承危机如果任其发展而得不到有效缓解，将会造成严重后果：少数民族文化作为一种稀缺的、难以再生的社会文化资源，不仅其本身将面临存亡之忧，而且这也必将危害到该地区的扶贫开发事业。滇西边境少数民族的扶贫开发事业一旦失去文化上的有力支撑，一旦没有民族文化作为其思想内涵和精神支柱，扶贫开发将在很大程度上失去发展动力和终极意义。首先，有必要对民族传统文化进行去粗存精的改造，但是在摆脱落后观念的同时，一定要注意保护和传承其文化特色和精髓，因为改良后的传统文化会反过来推动经济发展，并巩固经济扶贫的成果，帮助其实现可持续发展。没有传统文化的保护和传承，扶贫开发会失去重要的精神动力，经济脱贫的少数民族群众将面临精神文化上的贫困，从而失去脱贫致富的文化推动力和文化持久力，最终无法长期地巩固扶贫开发成果。其次，扶贫开发始终是要服务于贫困人口的——不仅要帮助他们改善经济状况，更要帮助其在思想文化上"脱贫"；不仅要帮助贫困地区少数民族在经济上、物质生活上发展、繁荣、富裕，而且要在文化上、精神生活上发展、繁荣、富裕。如果实现了脱贫致富的少数民族没能传承自己的文化，失去了自己的民族文化，那就失去了民族的重要特征，断失了民族的血脉，这就失去了扶贫开发的终极意义。

四 扶贫开发与保护自然的矛盾

滇西边境少数民族贫困地区是我国重要的生物多样性宝库。该地区有 9 个县属于川滇森林生态及生物多样性生态功能区，有 2 处世界自然文化遗产、11 个国家级自然保护区、11 个国家森林公园、6 处国家级风景名胜区，是长江、澜沧江、怒江上游生态环境的重要保护地区。[1] 这是大自然赐予我们的宝贵财富，但是，这些生态、生物资源非常容易受到自然的、人为的破坏，必须加以精心保护。这样，当地各族群众的生存、发展与生态、生物保护之间就产生了矛盾。

另外，该地区存在大面积的石漠化地带，山高坡陡土层薄，水土流失十分严重，人均耕地仅为 1~2 亩。在人力资本和社会资本贫困的前提下，耕地对于当地群众显得无比珍贵。以怒江州为例，该州总面积为 145.8 万公顷，而耕地面积仅为 6.93 万公顷，占总面积的 4.75%；其中坡度大于 25 度的耕地有 3.5497 万公顷，占耕地总面积的 51.22%；在现有耕地中，勉强适宜耕种的面积占比为 65%，中度和高度适宜耕种的面积只占 10.58%。相比之下，林业用地达 122.45 万公顷，约占该州土地总面积的 83.9%。从产值看，种植业产值占农林业总产值的 63.9%，而林业产值仅占 8.1%。[2] 可见，该州林业用地多、林业资源丰富的优势并未充分发挥出来。在缺乏有效耕地，林业资源尚未充分挖掘的情况下，人们很容易将目光投向森林，甚至会出现私自开荒种地、伐木卖钱的现象。

---

[1] 国务院扶贫开发领导小组办公室：《滇西边境山区区域发展与扶贫攻坚规划（2011—2020年）》，2012，第 52 页。

[2] 资料来源：怒江州扶贫办材料。

另外，滇西边境少数民族贫困地区，是我国西南生态安全的重要屏障。以怒江州为例，怒江州的自然保护区面积达 39.9 万公顷，包括三江并流自然保护区、高黎贡山国家级自然保护区、兰坪云岭省级自然保护区等，均属于国家规定禁止开发或限制开发的区域。① 并且，随着国家"天然林保护工程""退耕还林还草工程"等一系列环保政策措施的出台，该地区将有更多的土地面积被划为限制发展区域。这一系列环保政策措施在限制贫困地区开发当地资源的同时，却未能建立相应的和有效的生态补偿机制，没有给予该地区群众合理的经济或资源补偿。这导致该地区环境保护区域内的贫困人口，因其开发利用当地自然资源的权利受限而难以脱贫致富。

第三节　扶贫开发机制不够完善

一　扶贫开发政策执行中的缺陷

我国的扶贫开发任务长期而艰巨，各级政府在其中发挥着不可替代的主导作用。在实际实施过程中，各级地方政府是扶贫开发末端落实的绝对主体，在各项扶贫开发的基层决策中拥有绝对主导权，在这样的情况下，一旦基层地方政府对扶贫开发的决策或执行发生偏差，可能导致扶贫资源的浪费或扶贫资金的滥用，从而降低扶贫开发的效率。

（一）各级扶贫开发规划雷同

"规划先行"是我国扶贫开发工作中一直坚持的策略。科学合理的扶贫开发规划体系能够为扶贫工作提供正确的前进方向、步骤措施、目标任务，确保实现预期目标。在滇西边境少数民族贫困地区的扶贫开发工作中，各州（市）、县（区）根据《中国农村扶贫开发纲要（2011—2020 年）》、《云南省农村扶贫开发纲要（2011—2020 年）》、《滇西边境山区扶贫开发规划》和

---

① 根据《全国主体功能区规划》，限制开发的区域一类是农产品主产区，一类是重点生态功能区。禁止开发区域是依法设立的各级各类自然文化资源保护区域，以及其他禁止进行工业化、城镇化开发和需要特殊保护的重点生态功能区，比如国家级自然保护区、世界自然文化遗产、国家级风景名胜区、国家森林公园和地质公园、省级自然文化保护区等。

《云南省"十二五"农村扶贫开发规划》等文件纲要的精神，结合各州（市）、县（区）扶贫开发工作的新形势、新任务和新特点，先后编制出符合其实际情况的扶贫规划，并基本形成了由省、州（市）、县（区）级规划组成的层级规划体系。然而，如果我们将各州的农村扶贫开发规划与云南省农村扶贫开发规划进行比对，就可以发现各级扶贫开发规划在结构和内容上存在不同程度的雷同（见图 3 - 2、图 3 - 3、图 3 - 4）。

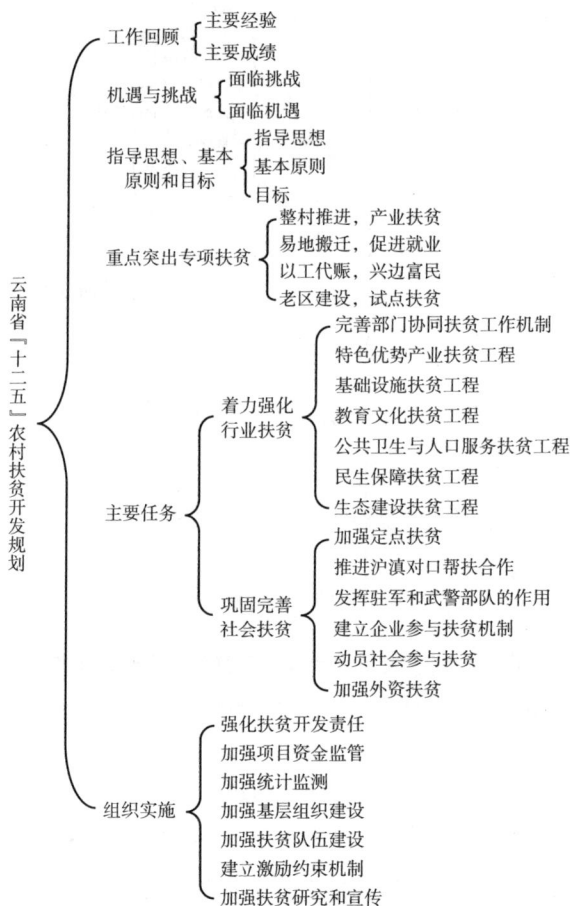

图 3 - 2　云南省"十二五"农村扶贫开发规划结构

资料来源：根据《云南省"十二五"农村扶贫开发规划》整理而成。

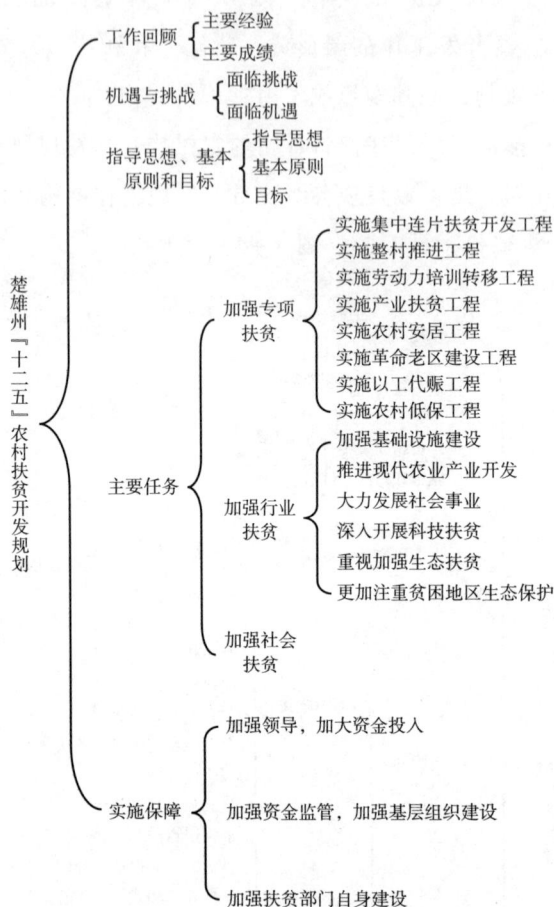

图 3-3　楚雄州"十二五"扶贫开发规划结构

资料来源：根据《楚雄州"十二五"农村扶贫开发规划》整理而成。

以《云南省"十二五"农村扶贫开发规划》、《楚雄州"十二五"农村扶贫开发规划》和《西双版纳州"十二五"农村扶贫开发规划》为例，图 3-2、图 3-3、图 3-4 分别显示了上述三个规划的整体结构。整个规划分为五大部分，对扶贫开发工作进行了详细的分解。

现将《楚雄州"十二五"农村扶贫开发规划》和《西双版纳州"十二五"农村扶贫开发规划》与《云南省"十二五"农村扶贫开发规划》进行比对。

西双版纳州「十二五」农村扶贫开发规划
- 工作回顾
  - 主要成绩
  - 主要经验
- 机遇与挑战
  - 面临挑战
  - 面临机遇
- 指导思想、基本原则和目标
  - 指导思想
  - 基本原则
  - 目标
- 主要任务
  - 着力抓好连片特困地区扶贫开发
  - 大力加快"整村推进"项目建设
  - 强力推进整乡开发建设
  - 继续加大贫困劳动力培训力度
  - 加快实施革命老区建设工程
  - 协力推动贫困农户安居工程建设
  - 着力培育贫困地区特色优势产业
  - 稳定推进易地扶贫搬迁项目建设
  - 继续加快贫困村村级互助资金的发展
  - 积极探索建立扶贫开发多元化投入机制
  - 进一步加强贫困地区基础设施建设
  - 大力推进扶贫开发经济结构战略性调整
  - 切实加强贫困地区社会公益事业建设
  - 更加注重贫困地区生态保护
- 实施保障
  - 加强领导，纳入规划
  - 加大投入，协调配合
  - 完善管理，改善民生

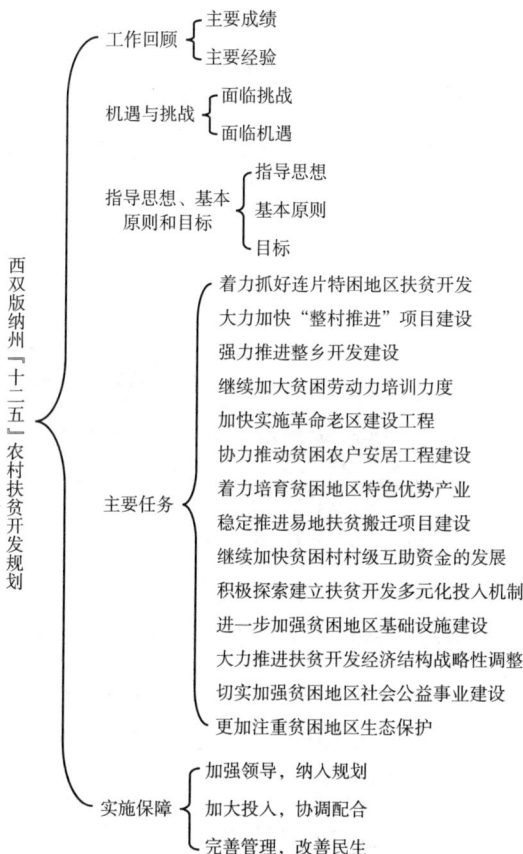

图 3 - 4　西双版纳州"十二五"扶贫开发规划结构

资料来源：根据《西双版纳州"十二五"农村扶贫开发规划》整理而成。

结构上，楚雄州、西双版纳州的规划与云南省规划一致，都分为五个部分：①工作回顾；②面临的挑战与机遇；③指导思想、基本原则和目标；④工作任务；⑤实施保障。内容上，楚雄州和西双版纳州扶贫开发规划与省扶贫开发规划中对主要任务的陈述基本一致，都分为三个部分。省规划内容包括 21 点，楚雄州规划因第三部分未分点叙述，所以有 15 点，西双版纳州规划也因为同样原因有 14 点。三个规划的内容差异仅限于工程项目、资金投入数额或个别文字表述。另外，对比《楚雄州"十二五"农村扶贫开发规划》和《西双版纳州"十二五"农村扶贫开发规划》中的第三项目标任务,两州的具体目标均是实现贫困地区农户、自然村(村民小组)和行政村(村委会)的"988"目标,且两者的具体内容完全一致,仅在年人均占有粮食数量上有所不同。由此可见,各州规划的内容在很大程度上雷同,规划的区域性与民族性考量并不明显。这反映了各州政府对自身的自然环境、经济条件、社会状况、民族特点等方面的特殊性缺乏调查研究,这些规划的针对性、可操作性均显不足,其科学性有待商榷,因而在实际运行中将会出现一些问题。

值得注意的是,各州的扶贫开发规划往往量化了一定时期内所要实现的具体目标,例如《西双版纳州"十二五"扶贫开发规划》就计划到 2015 年解决 9 万名贫困人口的温饱问题,扶持龙头企业 20 个,发放到户贷款 6 亿元和项目贷款 1 亿元,完成 9761 个农村贫困户易地搬迁扶贫等。这种定期、量化的扶贫规划往往只注重短期效应,缺乏长期性和连续性。事实上,扶贫开发是一项持续性工程,需要扶贫资金和资源按时按量地投入,对需长期扶持的项目和贫困户来说更是如此,所以一旦扶贫资金和资源在投放时间上出现偏差,就常常不能满足项目和贫困户的需求,投入的资金和资源也因不能及时到达而达不到预期效果,甚至前功尽弃,造成浪费。因此,各州(市)、县(区)的扶贫开发纲要和规划必须以细致入微、深入基层的调查研究为基础,在摸清各地扶贫项目和贫困户的现状和需求的基础上制定,这样才能制定出符合各地实际的、更加科学和精确的扶贫开发规划。

(二)扶贫开发配套资金投入不足

滇西边境少数民族贫困地区是国家重点扶贫区域,虽然国家和云南省投入了大量的扶贫开发资金,但该地区经济发展水平低,经济总量小,地方财力薄,贫困片区广,贫困人口多,财政投入与实际支出之间存在巨大缺口,总体扶贫开发投入仍然不足,特别是扶贫工作的实际需求与政府的资金投入有限之间存在着突出矛盾。例如,由于地理环境特殊,该地区修建 1 公里沥青路面或者石灰路面的通村公路,其成本通常为平原地区的 40 倍左右。同时,该地区少数民族居住地点分散,这不仅给基础设施建设带来巨大困难,也常常使建设资金产生巨大缺口。因此,很多地方在实施扶贫规划时,将规定的硬化路面降低为弹石路面、砂石路面甚至土路,以解决修建费用高、项目资金少的困难。

另外，根据相关部门测算，解决并巩固一个贫困户的温饱问题，每年至少需要投入 1.5 万 ~ 2 万元，并且需要连续多年扶持。滇西边境地区贫困人口为 424 万人，仅该地区扶贫每年至少需要投入资金 900 亿元，以 2013 年为例，云南省四个连片特困地区累计投入各类扶贫资金共 1091.49 亿元，可见，远远不能满足所需资金。又如，要完成"整村推进"项目规定的六项建设任务，每村至少需要投入 40 万元。但目前该地区除了边境县每村投入达到 50 万元外，其余每村仅能投入 15 万元，资金缺口巨大。

扶贫资金投入不足，使一些扶贫项目准入门槛高，贫困户参与扶贫项目多有难度。笔者在调研中发现，对于尚未解决温饱或刚刚解决温饱的贫困户，自身根本没有经济能力参与扶贫开发项目。据楚雄州双柏县爱尼山乡海子底村贫困户反映："我们想养牛，但是盖牛棚和买牛就要好些钱，光买一头小牛都要六七千块，政府补贴的钱盖了牛棚就买不起牛，牛养少了每年本都回不来，没钱搞不起。"现实中因资金困难而放弃扶贫开发项目的贫困户并不是个别现象。他们的扶贫政策利益因为隐形的资金门槛而不能得到，既暴露了扶贫开发投入资金不足的问题，也损害了扶贫开发政策的公平性。这些资金不足的问题我们不能仅仅通过一次性巨款资金投入的方式来解决，只能是通过分期分批、分阶段地投入，通过后续资金、配套资金来解决，这就需要长期性、连续性的政策、资金的支持，否则很容易出现半途而废的结局。

（三）扶贫开发资金使用不当

自 2001 年我国扶贫开发进入新阶段后，中央和地方各级政府逐步加大了对扶贫工作的财政投入，十年间累计投向国家扶贫开发重点县和省级扶贫开发重点县的资金达 1457.2 亿元，县均投入 1.36 亿元。[①] 对于云南省来说，由于各地财政收支困难，中央和省级政府下拨的扶贫款项无疑成为一笔巨大的可支配资金，因而，有的就把它挪为他用。有关部门调查显示，在很多少数民族贫困县，由于县财政收支矛盾突出，而扶贫资金往往到位时间较晚，扶贫项目实施进度落后，导致县乡各级政府具备了挤占和挪用扶贫资金的冲动、

---

① 贺斌：《我国财政 10 年累计投入扶贫资金 2043.8 亿元》，《中国财经报》2011 年 11 月 21 日，第 4 版。

条件和机会。① 根据国家审计署发布的《关于 19 个县 2010～2012 年财政扶贫资金分配管理和使用情况的审计结果》，全国有 6 个省份的 19 个扶贫开发工作重点县出现了扶贫资金管理和使用问题。其中，就有滇西边境少数民族贫困地区的个别县。比如澜沧拉祜族自治县②在扶贫资金的分配、拨付和使用等方面存在虚报冒领、挤占挪用甚至贪污等问题。该县于 2010～2012 年通过不实数据骗取扶贫资金 192.75 万元，挤占挪用扶贫资金 205.48 万元，套取扶贫资金 51.28 万元。③ 这种违纪现象的存在使扶贫资金无法落到实处、产生实效，也使真正需要帮扶的群众得不到资金帮助，严重动摇了扶贫开发在群众中的公信力。

二 扶贫开发中贫困人口的参与缺失

在我国，扶贫开发工作实行两级传递机制，即先由中央和省政府确定贫困县，再由县政府将扶贫资金通过行政机构或金融机构拨付给贫困村和贫困户。④ 在这一过程中，农村基层干部权力较大且缺乏有效制约，而贫困户在人力资本与社会资本上均处于弱势，因而导致其作为扶贫开发政策的目标群体，很少能够参与扶贫开发项目运行的全过程，他们的正当权利难以得到切实保障。具体来说就是出现了贫困人口在扶贫开发项目运行中参与权利缺失、参与意愿缺失的现象。其结果是不能充分调动和发挥扶贫开发目标群体在扶贫开发事业中的自觉性、积极性和创造性。

（一）贫困人口在扶贫项目运行中参与权利缺失

有学者认为，当前少数民族农村地区的基层权力结构自上而下分别是：第一层的体制精英（即村干部），第二层的非体制精英（即有一定影响力的村

---

① 文秋良、林泽昌：《贫困县扶贫资金管理面临的问题及对策》，《中国财政》2005 年第 8 期。
② 澜沧拉祜族自治县属于滇西边境少数民族贫困地区普洱市的国家级贫困重点县。
③ 审计署办公厅：《2013 年第 31 号公告：审计署关于 19 个县 2010—2012 年财政扶贫资金分配管理和使用情况的审计结果》，中华人民共和国审计署网站，http://www.audit.gov.cn/n1992130/n1992150/n1992500/3423122.html，2013 年 12 月 28 日，最后访问时间：2017 年 4 月 12 日。
④ 向德平、程玲：《连片开发模式与少数民族社区发展》，民族出版社，2013，第 165 页。

民），第三层的普通村民以及最底层的贫困户。[①] 在这个权力结构下，实际生活中贫困户享有的权利和参与决策本村事务的机会均为最少。笔者调研了解到，在扶贫项目的立项、实施、管理和监督评估过程中，按规定村委会应将整个项目流程经过公开渠道[②]通知村民，听取他们的意见，并在共同商讨、一致通过的前提下实施项目，村委会有责任定期公开项目发展动态供村民监督。也就是说，参与扶贫开发项目运行的全过程，参加其管理与监督是村民的合法权利。但实际操作中村民参与项目运行过程的程度较低，并且很多时候只是象征性的参与，形式上的参与，实质性参与较少。有村民表示："我们村的项目意见征集会，当有县上或州上领导来检查时通知参加过，但一般都会提前通知我们，说（要求）问意见时都要说同意，喊（要求）举手时都要举手通过。平时的就在村政府公告栏里贴着项目表，通知我们如果有意见、有问题找工作人员反映。"从楚雄州双柏县 A 村和 B 村的综合调查数据来看，47% 的村民认为项目选择没有征求过他们的意见，53% 的村民认为选择项目的时候征求过他们的意见；当被问及对项目立项、实施、管理和监督过程的公开程度是否满意时，只有9% 的村民表示非常满意，37% 的村民表示满意，24% 的村民认为一般，30% 的村民表示不满意。[③] 扶贫开发工作项目的立项、实施和结项，在其运行全过程中，如果没有作为扶贫对象的贫困户的积极参与、管理和监督，那么，很容易导致这些项目脱离实际、脱离群众意愿，从而导致项目运行进程偏离目标，收效甚微。

在扶贫贷款的发放上也存在不公平现象。滇西边境少数民族贫困地区生存环境恶劣，自然灾害频发；贫困户的经济来源多为种植业和养殖业，而这些农业初级产业受市场价格波动影响很大，但大部分贫困户难以对市场风险做出准确判断，更难以适时有效地调整自身经济行为；贫困户的绝大部分收入用于满

[①] 仝志辉、贺雪峰：《村庄权力结构的三层分析——兼论选举后村级权力的合法性》，《中国社会科学》2002 年第 1 期。

[②] 此处的公开渠道通常是指：村民大会、村民代表大会、村民小组会议、公开告示和通知。

[③] 笔者共发放问卷50 份，收回有效问卷46 份。在回答问题"选择扶贫项目时，是否征求过您的意见"时，有 22 人选择"是"，占有效问卷的47%，有 24 人选择"否"，占有效问卷的53%。在回答问题"您对扶贫项目立项、实施、结项过程的管理和监督是否满意"时，有 4人选择"非常满意"，有 17 人选择"满意"，有 11 人选择"一般"，有 14 人选择"不满意"。

足其基本生存需求而极少有剩余和积累。以上种种情况导致该地区贫困群众的抗风险能力很弱。但是另一方面该地区负责发放扶贫贷款的相关金融部门，为保证资金投放的安全与效率，往往规定了严格的项目贷款担保条件。这就使得缺少相应担保条件的贫困户几乎得不到扶贫贷款的支持。有贫困户反映："我总体感觉是越有钱的越容易贷到款，不属于困难户的倒是能贷到款，我们困难的反而贷款申请比较难。去年我们村无息贷款也就少数几家的批下来了。我媳妇她们可以申请妇女小额贷款，但也不好批。"这种不合理现象导致扶贫贷款的到户率大大降低，扶贫贷款的效果大打折扣。

（二）贫困人口在扶贫事务中参与意愿缺失

滇西边境少数民族贫困地区落后的交通条件和散落的居住方式，客观上限制了贫困户参与公共事务的条件，并且当地传统文化中依然残存着一些封闭保守的落后观念，因而部分贫困人口自我认同度低，缺乏主动参与公共管理的意识。调研中笔者了解到，大多数贫困户日常很少参与村里的公共事务。普通村民也是如此，只要不涉及切身利益，村里的公共事务很少有村民主动要求参与。以楚雄州双柏县 A 村和 B 村的综合调研数据为例，仅有 13% 的村民愿意主动了解和参与村公共事务；有 26% 的村民对参与村公共事务持观望态度；有 61% 的村民不愿意参与村公共事务。① 当被问及漠不关心、不愿意参与的原因时，大多数受访者的回答是："我们什么都不懂，村干部的解释也搞不清楚（不能完全领会村干部传达的事情），而且我们提的意见也没有用。我们家自己的事情我都忙不过来，全村的事情交给村里干部就可以了，这些应该是他们的事情。"此外，村民对公共事务的不关心还表现在不爱惜、不维护公物方面，例如，双柏县 A 村唯一的一间公共厕所从外观看刚建不久，但由于公厕无专人打扫卫生，村民们也不注意维护，公厕内脏乱不堪、臭味熏天；村里新修的硬化路面随处可见动物粪便。贫困人口对基层公共事务与基层扶贫事务漠不关心的态度，一方面是贫困户自身综合素质低、参与意识差的表现；但另一方面也说明扶贫开发的各项措施和各种资源在基层的落实与分配，很大程度上

---

① 笔者共发放问卷 50 份，收回有效问卷 46 份。在回答问题"您是否愿意主动参与村里的公共事务"时，有 6 人愿意主动参与，有 12 人觉得参不参与都行，有 28 人不愿意主动参与。

没有得到贫困户的真心认可与积极响应，其根源在于贫困户对扶贫资源拥有的正当权利没有得到有效保障，甚至被忽视、被侵占。

当地干部群众是扶贫开发工作的主体，贫困户又是扶贫开发的目标群体、工作对象。这种扶贫开发目标群体对基层扶贫事务的参与缺失、意愿缺失和权利缺失是一种极不正常、极不合理的现象，它将可能使扶贫开发失去其内部推动力，从而难以深入推进或取得实效。这一问题值得各级政府相关部门认真重视、仔细研究与扎实改进。

第四章
滇西边境少数民族贫困地区扶贫开发
工作出现困境与存在问题的原因分析

近30多年来，在党中央和各级政府的领导下，滇西边境少数民族贫困地区的扶贫开发事业取得了长足发展，少数民族贫困人口的脱贫致富取得了显著成效。然而，制约该地区扶贫开发工作进一步推进的种种困难、问题和矛盾依然存在。只有充分重视并深入研究这些困难、问题和矛盾，才能找到其症结所在，才能为新阶段的扶贫开发事业找到正确的方法、对策和路径，从而不断将该地区的扶贫开发事业推向前进，最终实现滇西边境地区各民族的共同富裕、共同繁荣和共同发展。

第一节　地理环境原因分析

地理环境是人们在生产生活中必须依赖的客观物质条件，地理环境的好坏直接影响到劳动生产率的提高以及人们生活质量的改善。在地理位置上，滇西边境少数民族贫困地区分布于云南省西部，地处偏僻，环境恶劣。其中的普洱、临沧、西双版纳、德宏、红河、怒江6个州（市）更是云南省主要的边境地区。在地形地貌上，该地区大部分位于横断山区南部和滇南山间盆地。区域内山高谷深，怒江、金沙江、澜沧江和元江等江河穿梭其间，两岸大多呈深"V"字地形，海拔落差达数千米，① 立体气候特征②明显。这里独特的地理区位和自然条件成为影响该地区发展及制约该地区扶贫开发工作的重要原因。

---

① 滇西边境少数民族贫困地区最高海拔6740米，最低海拔76.4米。
② 立体性气候特征是指在某一区域内同时分布着从寒带到热带的某些不同气候类型的气候。

一　地形地貌原因

滇西边境少数民族贫困地区的地理环境差异较大，各少数民族多聚居在山区、半山区、二半山区及高寒山区。比如，彝族多聚居于二半山区及高寒山区；白族、怒族、独龙族、普米族等多聚居于高寒山区；布朗族、德昂族、景颇族、阿昌族、基诺族等多生活在半山区、山区。除了部分居住坝区的少数民族所处地理环境较为优越之外，山区、半山区、二半山区以及高寒山区少数民族所处的地理环境和生存环境均比较恶劣：山多地少，耕地以陡坡地①为主，喀斯特化程度高，石漠化威胁严重，水资源也较为匮乏。

由于该地区大多处于高山陡坡地带，地块小、坡度大、耕土层浅，因而无法使用大型农机设备，通常只能依靠人工和畜力开垦。这些情况导致该地区农田水利基础设施落后，且很多地方的民众无法共享农田水利设施和设备，因而当地有大面积的"雷响田"②。而且该地区基本农田数量少、保水保肥性差、农作物质量产量均低，在当地有"种一山坡，收一土锅"的说法。该地区怒江州山区的民众不得不在悬崖峭壁上耕种，而且耕地面积根本无法满足最基本的温饱需求，更不用提发展需求，尤其是该州福贡县匹河怒族乡老姆登村人均耕地仅有 0.4 亩；马吉乡马吉米村人均耕地面积仅有 0.56 亩。

这样的地形地貌不仅极其不利于农作物生长，不利于农业生产，而且导致该地区山高路远、人员居住分散、环境较为封闭，不利于交通运输，加大施工难度，造成建设成本大幅提高。在滇西大山里，有时只隔一个村，也要走几十里的山路。在当地有"隔山能对话，见面走一天""豆腐搬成肉价钱"等俗语，形容路途艰难、运输成本高。以该地区典型的山区村寨为例，从寨头到寨尾的距离往往就是从山脚到半山腰或山顶的距离，徒步走路得几个小时或更多的时间；村寨内独家独户分散居住的情况十分普遍，这使得修建基础设施难度极大。例如铺设公路和自来水管网、搭建电网和通信设备等，都必须在山顶或山脊上进行，由于山高坡陡又不通公路，许多建设所需的物资设备运输需靠人

---

① 指坡度在 25 度以上的田地。
② 雷响田是指等到雷响下雨，田里积满水后才能插秧种稻的田地。

背马驮，在一些人背马驮都无法到达的山区，建设者只能自修便道或搭建索道，将物资设备运到目的地。不仅耗时长，而且所花人力、物力、财力都是非山区建设的好几倍、数十倍。可见，以交通道路为代表的基础设施条件，既是滇西边境少数民族贫困地区扶贫开发工作中的一大挑战，也是该地区扶贫脱贫、谋求发展的关键。

二　自然气候原因

滇西边境少数民族贫困地区具有明显的立体气候特征，这使该地区频繁遭受干旱、冰雹、暴雨和低温冰雪等自然灾害；复杂多变的气候状况还往往引起山体滑坡、泥石流等灾害。以山体滑坡和泥石流为例，滇西边境少数民族贫困地区一般每年因此造成的直接经济损失达数千万元，重灾年份可高达数亿元。仅 2014 年 7 月，该片区就发生 8 起特大山洪泥石流灾害。

另外，云南省位于环太平洋地震带和欧亚地震带的重叠地区，处于印度洋板块与欧亚板块碰撞带东侧，是我国地震活动最频繁、地震灾害最严重的省份之一。2012～2014 年，云南省共发生 5 级以上的破坏性地震 12 次，其中该地区内有 7 次：2012 年 6 月丽江市宁蒗彝族自治县与四川凉山彝族自治州盐源县交界处发生 5.7 级地震；2013 年 4 月大理白族自治州洱源县与漾濞彝族自治县交界处发生 5.0 级地震；2014 年 5 月 24 日至 30 日德宏傣族景颇族自治州盈江县先后发生 5.6 级、6.1 级和 5.1 级地震；2014 年 10 月和 12 月普洱市景谷傣族彝族县先后发生 6.6 级和 5.8 级地震。

总体来说，滇西边境少数民族贫困地区的地理环境较为恶劣，耕地数量少、质量低，交通等基础设施薄弱，自然灾害频繁发生。这些条件和现状严重阻碍着扶贫开发工作的深入推进。恶劣的自然环境和落后的基础设施给贫困人口的日常生产生活造成了极大不便，频繁发生的自然灾害不仅使贫困人口面对生命财产威胁，已经脱贫者也往往因灾返贫，而且使其不断受到重复打击，使其产生无助、无望和认命等消极心态。这些问题不仅会严重拖慢该地区民众脱贫致富的步伐，而且严重打击了贫困人口对扶贫开发的信心。如何有效地改善生存条件、提升基础设施建设水平以及防灾、减灾能力，是该地区扶贫开发工作不得不面对的高难课题和极大挑战。

第二节　经济原因分析

生存与发展是一个民族最为重要、最为核心的问题。经济发展是社会发展的基础，是关系到民族生存与发展的第一要务，也是解决民族问题、构建和谐民族关系的关键。滇西边境少数民族贫困地区扶贫开发的首要目标，就是通过促进该地区的经济发展，缩小其与外界的各项差距，最终帮助地区内各族人民脱贫致富。该地区的经济发展过程中，在经济功能、城镇化水平等方面还存在不少问题及症结，它们成了该地区经济发展的瓶颈，需要对症下药，着力解决。

一　经济功能不完善

经济功能是一个相对独立的经济系统，主要是指保持某一地区经济正常运作与发展所必须具备的吸纳功能、增生功能和优化功能。吸纳功能即该地区对新的生产要素的吸收利用能力；增生功能即该地区的经济实力不断增长的能力；优化功能即该地区优化其经济结构的能力。① 其中，经济实力的增长主要取决于经济容量的增长、经济范围的拓展以及各生产要素质量和效益的提高；经济结构的优化则需要生产要素的合理布局与优化组合，以及产业结构的合理安排。以此观之，经济功能的完善程度，决定着一个地区的经济发展能力与潜力。滇西边境少数民族贫困地区的经济功能总体上十分落后，其各个要素均显薄弱，这正是扶贫开发工作所要着力优先解决的问题。

（一）地区经济的人才吸引能力弱

从经济的吸纳功能来看，在市场机制的利益趋向原则下，滇西边境少数民族贫困地区缺乏对人才的吸引力及吸纳利用能力，其原有人才不断向能够获得较高回报的经济发达地区流动。绝大多数青壮年甚至一些有经验、懂技术、有远见的致富能人也不断外流，加上近年来鼓励劳动力外出就业的政策，有的村子青壮年劳动力几乎全部外出，留守村里的大多是老弱病残者和儿童，尤其在

---

① 叶普万：《贫困经济学研究》，中国社会科学出版社，2004，第118～123页。

村小学撤并后，几乎只剩下老弱病残。这一情况极大地制约了该地区种植业、养殖业的发展，也不利于扶贫开发项目的实施。长远来看，这种劳动力转移虽然成为该地区贫困农户增收的重要途径之一，但是在本质上，它造成该地区农村有效劳动力和精英人才的流失，造成该地区扶贫开发项目所需各种配套人才的严重缺失，使该地区难以提高自我发展能力和吸引力。

（二）地区经济的自我增生能力弱

从经济的增生功能来看，滇西边境少数民族贫困地区在整体的宏观层面以及贫困户的微观层面，都广泛存在经济增生能力不足的问题以及由此导致的恶性循环。宏观上，该地区经济基础薄弱，缺乏对资金和人才等生产要素的吸纳利用能力，导致该地区缺乏资金和人才，因而效率较低，经济容量的增长与经济范围的拓展均较为缓慢，其经济实力无法得到快速增长，其结果就是长期处于贫困落后状态。微观上，该地区贫困人口普遍存在两个恶性循环，一是人均收入水平低—积累水平低—投资能力低—生产率低—人均收入水平低；二是人均收入水平低—人力资本投资水平低—劳动者素质低—生产技术水平低—生产率低—人均收入水平低。

将上述宏观循环和微观循环相比对，可以发现两者的关键均是缺乏投资能力和缺乏人力资本。可以说，资金和人才的缺乏已经成为该地区提高自我经济增长能力与脱贫致富的瓶颈。

（三）地区经济结构的优化能力弱

从经济的优化功能来看，滇西边境少数民族贫困地区对其自然资源的依赖程度高，经济结构相对单一。经济体对自然资源的依赖程度，往往与经济体的开放程度紧密相关：经济体越是封闭，与外部的经济交流越少，对于其自身自然资源的依赖程度就越高，这反过来也会造成资源条件对该经济体的强力束缚。例如，生活在山区、半山区、二半山区及高寒山区的滇西边境少数民族人口，受到地理环境和基础设施的限制，与外界沟通不畅，无法及时地获取市场信息并调整自身经济结构，大多只能种植当地的传统农作物。久而久之，这些传统农作物往往一成不变地垄断着当地的经济结构。

这种广泛存在的单一的产业结构，使该地区在当今信息时代的市场竞争中处于严重的劣势地位：作为其优势的特色农产品往往由于缺乏深加工，受制于市场价格的波动，在微观上导致贫困户时常要承受巨大的市场风险；封闭的环境使当地的特色农产品无法形成规模优势，不能有效地引进技术和资金创建自身的农产品深加工产业，结果在很大程度上将该地区的经济结构桎梏于单一而不合理的现状，这又形成了一个经济结构上的恶性循环。它是该地区经济吸纳功能和增生功能薄弱的必然产物。

二　城镇化进程中制约因素多

城镇化是目前我国经济发展的新动力，它在很大程度上有利于增加农村就业，并通过转移农村劳动力减少农民对土地的依赖。城镇化既会为农村调整自身经济结构拓展空间，也会为农业发展提供广阔的商业市场，还会为以工哺农、以城带乡提供有力保障；在集中连片特困地区推进城镇化，更可以在拉动经济增长的同时，有效地带动贫困人口脱贫致富。

经过多年的努力，滇西边境少数民族贫困地区的城镇化程度有了一定的发展。该地区的产业结构比例由 2001 年的 39∶26∶35 调整为 2010 年的 26∶37∶37，城镇化率也由 2001 年的 15.5% 上升到 2010 年的 27%。[①] 但是，滇西边境少数民族贫困地区的城镇化，常常受制于山多地陡的自然地理条件，而工业化与城市化除了资本与劳动力资源以外，平地资源也是不可或缺的，[②] 这无疑制约了该地区的城镇化进程。同时，如前文所述，该地区薄弱的经济基础造成的诸多经济功能欠缺，也阻碍着城镇化进程的顺利开展。再者，城镇化还会对民族关系产生深远的影响：在新的城镇环境中，民族交往日益紧密，民族关系更加复杂，其中难免产生一些不和谐因素，并可能在一定程度上影响民族团结。下面从城镇化主体、产业发展层次、民族关系三个方面分析制约城镇化进程的关键因素。

（一）城镇化主体的局限与不足

第一，城镇的聚集效应不明显。如第三章所述，滇西边境少数民族贫困地区的城镇数量少，规模小，投资环境不完善；城镇规划布局上往往趋于分散和

---

① 国务院扶贫开发领导小组办公室、国家发展和改革委员会：《滇西边境片区区域发展与扶贫攻坚规划（2011—2020 年）》，2012，第 12 页。

② 樊怀玉等：《贫困论——贫困与反贫困的理论与实践》，民族出版社，2002，第 192 页。

无序，这降低了城镇的市场吸引力，使其难以有效聚集各种经济要素和资源，难以产生聚集效应。另外，该地区很多乡镇政府在小城镇建设中各自为战，缺乏全局意识和长远观念，重视城镇的政治功能而轻视其经济和文化功能，常常因"面子工程""形象工程"而争资源、争经费，导致在同一地区低水平重复建设基础设施。这种违反经济规律的短视行为不但使市场力量难以形成规模，还阻碍了各种经济资源的聚集，对小城镇建设产生了严重的消极影响。

第二，城镇化主体素质不足。城镇化不仅是经济结构、产业结构的发展演化，更是农村人口转变为城镇人口的过程。也就是说，城镇化不单是要使农业人口变为非农业人口，更重要的是转变农村人口的生产方式和生活方式，提高其综合素质以及社会化服务能力，使其成为真正意义上的城镇居民。然而，滇西边境少数民族贫困地区居民的总体素质有待提高：受教育时间普遍较短，文化程度普遍较低，职业技能普遍不足，加之该地区有知识、懂技术的致富能人和精英大量外流，城镇化进程在很大程度上被限制在一个较低水平，其调动农民安居乐业成为名副其实的市民的作用难以充分发挥。另外，当地各民族群众曾经长期处于自给自足的自然经济状态，在城镇化过程中，他们往往会出现从传统民族文化到现代经济文化适应不良的状况，这也在一定程度上阻碍了城镇化进程的顺利展开。

（二）产业发展层次低，城镇支撑能力不足

滇西边境少数民族贫困地区的产业结构不够合理：第一产业比重过大且缺乏优势、缺乏特色；第二产业、第三产业比重相对过小、基础薄弱，而后者对劳动力、资金和技术的吸收聚集能力要远远高于前者。这种产业比例的失衡导致城镇对周围地区的辐射带动作用弱，难以发挥其规模效益。具体表现为以下三点。

第一，特色农业发展层次较低。一是农业生产尚未形成产业化。滇西边境少数民族贫困地区以农业为经济发展支柱。然而，受自然地理环境、公共资源分配和城乡二元经济结构性体制障碍等现实因素的制约，该地区农业生产多依赖分散经营，以家庭经营为主，还带有浓厚的小农经济的色彩，缺乏能够有效组织农户并将农业生产市场化的现代化农业企业，且没有形成上规模的、稳定的生产基地。这导致滇西边境少数民族贫困地区农业对农户的辐射面狭窄，难

以实现产业覆盖。同时，该地区农民受到传统思想观念的束缚，缺乏主动收集和分析市场信息的意识，这也导致该地区的农业生产标准化、专业化不足，深加工水平低，缺少有竞争力的品牌。二是特色产业、品牌产业发展滞后。由于该地区农业生产技术落后，配套农机缺乏，科技含量低，经营粗放，尤其是特色农业的种植技术推广程度低，农户对适宜种养的特色资源开发不足，缺乏质量保证和品牌推广，难以将特色农业资源转化为经济优势。最重要的是，由于人们对农产品的商品意识、品牌意识不足，该地区长期以来单一依靠输出特色农业原材料——多数农产品以初级产品的形式直接卖给收购商，难以实现价值增值。

第二，当地工业的经济带动能力弱。滇西边境少数民族贫困地区的工业，主要包括资本密集型的传统重工业和以农产品为主要原料的轻工业，但这些工业基础薄弱，结构单一，尤其是原材料和初级农产品的深度加工业不发达。这导致该地区内以采掘和原材料加工为主的重工业，缺乏相应配套的、对原材料和初级产品深度加工的轻工业。这一缺陷使得该地区的工业结构未能充分发挥轻重工业产业链的连带效应，未能为经济发展提供持续的推动力。加之该地区缺乏高技术含量和高附加值的乡镇工业企业，缺乏对社会资金和技术投资的吸引力，影响了该地区优势资源产业的开发力度和深度。最为严重的是，该地区在发展工业时，很大程度上是靠能源和资源的高投入、高消耗来拉动地区经济的发展，甚至是靠高污染行业，仍然在走以牺牲环境为代价的粗放发展道路。这导致了当地的环境污染问题和严重的资源浪费。一些企业在开采煤矿和有色金属等资源过程中，为追求自身利益而罔顾当地贫困群众利益，频繁使用大型起重机、渣土车等设备，导致原本脆弱而缺少维护的交通基础设施不堪重负，损毁现象屡见不鲜，当地群众苦不堪言。

第三，第三产业发展力度不够。以旅游业为例，滇西边境少数民族贫困地区由于其独特的地理位置、自然风光和少数民族风俗文化，非常适合发展旅游文化产业。然而，受城镇化进程缓慢、消费能力低下和基础设施条件的制约，当地旅游业多依赖政府财政扶持，行业自身则无力整合开发旅游资源，且对旅游品牌意识不高，其结果是旅游业还处在起步阶段。此外，滇西边境少数民族贫困地区城镇的服务业发展水平不高，也在一定程度上阻碍了旅游业发展。

（三）城镇化进程给民族关系带来挑战

城镇化是全面拉动贫困地区经济社会持续稳定健康发展的重要手段之一。随着滇西边境少数民族贫困地区城镇化率的不断提高，该地区的经济社会有了较大的发展，也使该地区各民族间在政治、经济、文化上的交流及民族成员之间的交往不断加深，为该地区民族关系和谐发展奠定了坚实的基础。

但是，在看到城镇化为当地民族关系和谐发展带来积极推动作用的同时，我们也必须正视这一进程中民族关系所面临的挑战：一些民族间的不和谐、不满甚至摩擦等消极因素亟待解决。需要说明的是，城镇化进程是民族关系发展中一个产生影响的变量，但它往往不是直接影响民族关系，而是通过自身带来的诸多问题而间接地产生影响。[①] 随着城镇化进程的加快，滇西边境少数民族贫困地区各民族间的分布格局发生了变化，在政治、经济、文化、社会各个领域引发了连锁反应，累积和酝酿出了民族关系的种种新问题，在一定程度上给民族关系和谐发展带来新挑战，主要体现在以下几方面。

第一，城镇化进程中各民族间利益分享机会不均等。在现阶段的城镇化进程中，由于政府投资、市场投资的不均衡分布以及各少数民族自身发展条件的差异，各民族所能分享的城镇化利益不可能完全均等。而且城镇化进程在客观上往往可能更加凸显各民族的经济发展差距。在这种情况下，利益格局分配并未满足期望值时，一些受益相对较少的少数民族群众自然会产生不平衡感，当这种不平衡感积累到一定程度时，就容易产生民族之间的不满、矛盾甚至摩擦。正如有学者所说："在资源、利益和发展机会分配方面的民族差别越大，民族间歧视的程度就越严重。而且很大程度上，民族间的冲突逐渐地从各自的文化、语言、宗教等方面向强调民族成员的各种实际利益转移。"[②]

第二，城镇化进程中各民族间的文化差异。城镇化进程中，各民族文化不可避免地彼此共存与交流。在这个过程中，既有民族文化间的相互融合与共鸣，也会有因语言、观念、风俗习惯、宗教信仰等方面的差异而产生的碰撞和冲突。例如，部分少数民族群众习惯以本民族的风俗习惯和文化传统（甚至

---

① 陈纪：《论城市化进程对民族关系发展的作用与影响》，《广西民族研究》2012 年第 3 期。

② 马戎：《社会学的族群关系研究》，《中南民族大学学报》（人文社会科学版）2004 年第 3 期。

是其文化传统中消极落后的东西）来衡量和评价其他民族的文化传统和风俗习惯；一些汉族居民则将少数民族的风俗习惯和文化传统简单等同于愚昧落后，忽视其民族文化中的优秀成分。这些对其他民族文化的偏见都极易伤害民族感情，且容易产生摩擦和纠纷，不利于民族关系的和谐发展。这些文化偏见如得不到合理疏导和适时解决，将成为该地区民族关系中的隐忧。

第三，城镇化进程中民族意识加强。如前所述，城镇化进程加速了各民族之间的交流互动，其间，各民族成员开始与其他民族成员发生政治、经济、文化和生活上的广泛接触，并感觉到彼此之间存在较大的文化差异、经济落差和利益冲突。现实生活经验和社会学理论都告诉我们，这些差异、落差和冲突会强化成员对本民族的认同意识以及与其他民族之间的边界意识。

值得注意的是，这种民族意识的强化是与城镇化进程紧密相关的，主要体现为城镇少数民族民众的民族意识普遍强于农村地区。民族间的差异性和利益比较有利于形成本民族的凝聚力，可以促进民族内部齐心协力地发展和进步。但其中也暗含挑战：民族意识是一把双刃剑，如果没有正确的引导，民族间的种种差异和利益不均衡极有可能导致狭隘的民族意识；从长远看，民族间的文化差异、经济落差和利益冲突如果得不到有效的调和与解决，经过长期累积可能形成民族关系中的冲突诱因，甚至可能成为极端民族主义滋生的温床。[1]

第三节　文化教育原因分析

民族文化和民族教育是民族发展的重要内容，也是民族发展的重要条件，是民族的经济繁荣与政治进步的必要前提。[2] 因此，提升民族文化教育水平对实现滇西边境少数民族贫困地区扶贫开发的最终目标，即实现该地区各民族的共同繁荣发展，具有重要的现实意义。为此，我们有必要厘清制约该地区民族文化教育水平提升的种种不利因素，并在扶贫开发的过程中逐步克服之、改善之，从而为该地区的可持续脱贫与发展积蓄文化动力。

---

[1]　郑信哲：《浅谈我国城市民族关系的现状与发展趋势》，《中央民族大学学报》（哲学社会科学版）1996 年第 3 期。

[2]　金炳镐：《民族理论与民族政策概论》，中央民族大学出版社，2006，第 398 页。

一 制约民族文化发展的因素

滇西边境少数民族贫困地区的民族文化，是一种有利于该地区可持续脱贫与经济自主发展的文化资源。但在扶贫开发过程中，该地区的民族文化在面对现代市场经济的文化观念时，却往往表现出文化不适、文化自卑，甚至面临传承断裂的风险。此问题原因在于少数民族文化受到现代市场经济文化的冲击，需要调整、适应，且需要实施必要的倾斜政策加大保护。

（一）少数民族文化习俗自身的局限性

优秀的少数民族传统文化习俗可以体现本民族特色，是本民族的文化凝聚力，也是本民族发展的优势所在。然而，在民族历史过程中沉积下来的一些保守陈旧的思想观念、一些落后于时代的风俗习惯或消费习惯，也可能成为本民族进一步发展的障碍。[1] 目前，滇西边境少数民族贫困地区的民族文化主要存在以下局限性。

第一，陈旧思想观念残存。新中国成立前，滇西边境少数民族贫困地区的各民族处于不同的社会发展阶段。傈僳族聚居区、佤族聚居区和景颇族聚居区还实行家长奴隶制或父权奴隶制；独龙族聚居区、布朗族聚居区、基诺族聚居区、怒族聚居区还处于原始社会晚期；傣族聚居区、彝族聚居区还实行封建农奴制等。新中国成立后，这些少数民族"跨步"迈进了社会主义。在未经历自然过渡的情况下，这些"直过民族"虽然迅速改变了其生产生活方式，但他们中的不少人在思想观念上却没能跟上，这方面的变化则要缓慢得多也艰难得多。听天由命、因循守旧、崇拜鬼神、平均主义等落后思想依然存在。不少贫困户缺乏个人奋斗的意识和目标，而宁愿"认命"，认为贫困是"宿命"，是"被注定的状态"。实际上，他们往往是在文化意识上"选择"了贫困。[2] 这种"认命"的文化意识一旦在代际传递下来，就可能成为一种现实的文化力量，体现于人们的观念、习俗与行为方式之中，直接影响各项扶贫开发工作的实际运作过程。

---

① 晓根主编《全面建设小康社会进程中的云南"直过民族"研究》，中国社会科学出版社，2011，第 137 页。

② 鲁建彪：《关于民族贫困地区扶贫路径选择的理性思考》，《经济问题探索》2011 年第 5 期。

第二，封闭的生活状态一时难以改变。滇西边境少数民族贫困地区特殊的山区地形，成为当地与外界隔绝的天然屏障，因而形成了独特的同时也较为封闭的少数民族文化生活，固定的思维模式和思想观念往往支配着当地居民的日常生产生活。生产上，自然经济在滇西边境少数民族贫困地区占据着重要地位，当地居民中存在着积累观念淡、发展意识差的现象；农作物生产以及少量的牲畜养殖主要是为了自给自足。生活上，该地区大部分少数民族喜好聚众饮酒，过度饮酒不仅严重影响饮酒者的身心健康，而且造成浪费，对家人和社会也有较大危害。此外，在日常消费中，该地区大部分少数民族群众都有"用在神上、厚死薄生"的非理性消费观。该地区少数民族几乎都有各自的宗教信仰，每到节庆之时就会举行仪式祈求神灵庇佑。当地群众大多有着仪式排场越大神灵越灵验的迷信思想，这就是所谓"用在神上"。"厚死薄生"则源于对祖先及其灵魂的崇拜。很多当地少数民族试图通过隆重的丧礼仪式，祈求祖先恩赐更多福泽。这两种典型的非理性消费在该地区并没有随着社会的发展进步而有根本性的改变。相反，它们占据了当地群众家庭日常花销中的很大一部分。这些保守落后的原始或封建迷信思想、观念习惯，在微观上禁锢了该地区少数民族居民个人思想的解放、文明的进步，禁锢了个人经济积累的动力和经济潜能的开发，从而在宏观上影响了滇西边境少数民族贫困地区的扶贫开发和经济发展。

（二）少数民族传统文化受到现代文化的冲击

随着国家现代化水平的提高，滇西边境少数民族贫困地区与外界的接触日益频繁，特别是广播电视和互联网的普及，使很多少数民族成员，特别是青少年，渴望也能够了解到外面的世界。在现代文化浪潮面前，少数民族传统文化往往在新一代年轻人心中沦为非主流文化。在目前的扶贫开发进程中，滇西边境少数民族的传统文化和现代主流文化正在发生日益激烈的碰撞，两者间既有文化冲突，又有文化趋同。如果我们不能处理好这两种文化间的冲突，不能使民族传统文化与现代文化达到彼此取长补短的和谐共生状态，那么扶贫开发中取得的经济成果，将缺乏相应的文化底蕴作为支持和保障，地区经济也将丧失其可持续发展的文化推动力，那么扶贫开发所取得的经济发展终将是昙花一现。因此，我们必须重视扶贫开发中民族传统与现代文化的冲突问题。

第一，文化趋同的困境。在滇西边境少数民族贫困地区的扶贫开发过程中，经济发展往往成为衡量扶贫开发效果的主要标准甚至是唯一标准，而民族文化在扶贫开发中的地位和作用常常被忽视。这导致少数民族传统文化在现代文化浪潮的撞击下，成为弱势和非主流的一方，进而出现了与现代文化趋同的现象。

研究表明，这种向现代文化的同化，很可能导致少数民族，特别是人口较少民族的文化衰亡，[1] 而一种文化的消失，与一个物种的灭亡一样，将是多大的经济发展也无法挽回和弥补的重大损失。其中，最明显的现象就是民族特色服饰和建筑的消失或汉化，以及民族语言、音乐、舞蹈、礼仪等习俗的消亡。长期研究基诺族文化的杜玉亭教授经过多年跟踪调研，在其1990年发表的著作中得出这样的结论：基诺族的传统竹楼有可能在10年内被砖木结构和钢筋水泥结构的楼房所取代；颇具特色的基诺族民族服装可能在20年内消失；世代口耳相传的基诺族传统历史文化和歌舞有可能在30年内消失。[2] 今天如果我们回看20多年前杜教授对基诺族传统文化衰亡的时间预测，就会发现该民族多数传统文化的消失时间都较预测大为提前。可见，当前民族传统文化消逝的速度可能正在加快。[3]

还有，具有独特民族意蕴的少数民族民间艺术处于后继无人、找不到传承人、濒临断流的危险境地。根据云南省民族工作部门统计，目前该省无文字民族的优秀民间艺人仅有500多人。再过10余年，他们中的绝大多数将过世，这些无文字民族的口碑文化将会消失。[4] 另外，少数民族地区的年轻人对现代科技与文化的热情，明显高于对本民族文化传统的热情。精通传统文化技艺的老一辈常常很难找到继承人。还有，近年来滇西边境少数民族贫困地区投入大量资金保护公共民族文化资源，但由于民众参与和使用不足，相当一部分的公共民族文化资源长期处于闲置状态，既是浪费，也不利于文化保护和发展。比

---

[1] 何群：《现代化与小民族生存探讨》，《云南社会科学》2006年第1期。
[2] 杜玉亭：《传统与发展——云南少数民族现代化研究之二》，转引自杨文顺《全球性背景下云南多样性民族文化的碰撞与发展》，《云南民族大学学报》2009年第2期。
[3] 杜玉亭：《从基诺族例看世纪之交的中国民族学》，《民族学》1997年第2期。
[4] 云南省民族宗教委文化宣传处：《少数民族传统文化传承人保护对策与建议》，《今日民族》2015年第6期。

如，笔者在德宏州一些少数民族村寨看到，用扶贫开发项目资金建上了偌大的文化广场，有的还配有民族文化陈列室，但对其的利用十分有限，广场上杂草丛生，动物粪便随处可见，陈列室里灰尘满地。

第二，文化冲突的矛盾。文化冲突产生于人们对两种或多种文化的认同选择，即人们对自我身份及角色的不同认知与归属，文化冲突的核心是不同价值观的冲突。[①] 必须强调的是，少数民族传统文化和现代文化之间并非决然对立、非此即彼的矛盾关系，两种文化有可能成为互补共存的关系，而且只有这种文化关系，才能弥合民族传统文化与现代文化之间的鸿沟，并基于人们对两者互补关系的普遍认同，而达到两种文化的和谐共生。

但就目前情况来看，两种文化的碰撞冲突多有发生。首先，滇西边境少数民族贫困地区的传统价值观念遭到现代文化的冲击。例如，该地区少数民族传统中有"轻商贱利""平均主义"的观念，这与现代市场经济文化中的"竞争"观念相矛盾，它们之间的冲突也随之而来：一方面，在该地区居民排斥竞争观念的情况下，市场经济法则难以在当地奏效，市场经济也难以确立主导地位，而各类建立在市场经济原则基础上的扶贫开发项目也往往面临相应的观念上或实施上的障碍；另一方面，如果少数民族居民转而完全遵从市场经济规律与观念，虽然将在经济上获得巨大利益，但这必将与其平均主义等传统价值观念形成矛盾。其次，该地区少数民族传统文化在扶贫开发中处于被商品化的困境。滇西边境少数民族贫困地区的一条重要脱贫路径，就是将其少数民族传统文化作为依托，打造民族文化旅游业。不可否认，民族文化旅游既保存和展示了民族文化，又为该地区带来了丰厚的经济效益。但是，民族文化资源在为当地居民带来经济利益的同时，往往陷入被过度商业化的困境。在按市场经济原则把当地的民族文化开发成旅游商品之后，原先世世代代自我享用与传承的文化形式，被转变成可在市场中被消费、被交换的商品符号。[②] 民族文化作为旅游产业商品在市场中被交换和交易，这种交换和交易给该地区少数民族带来的影响十分重大而深远，并反作用于民族文化自身，以至于改变了某些民族文

---

① 李忠、石文典：《文化同化与冲突下的民族认同与民族偏见》，《社会心理科学》2007 年第 5、6 期。

② 徐赣丽：《民俗旅游与民族文化变迁——桂北壮瑶三村考察》，民族出版社，2006，第 164 页。

化本来的性质。① 这方面突出的问题之一是民族文化被从少数民族成员的日常
生活层面抽离开来，从原本有血有肉的生活方式，蜕变成表演性质的旅游商
品。这使一些当地少数民族成员，特别是年轻人，对本民族文化的认同产生质
疑和动摇，表现为逐渐失去对本民族文化的兴趣和信心，甚至因其作为旅游商
品的表演性质而对之产生反感。长此以往，民族文化的发展必将陷入困境，民
族文化的传承也必将出现危机。

二 制约民族教育发展的不利因素

民族教育是一个民族的经济发展和文化发展的标志和反映，一个民族的教
育在其发展中占有重要的地位和作用。② 我国政府长期以来一直支持滇西边境
少数民族贫困地区的教育事业，并给予其一系列特殊政策和倾斜措施。多年
来，该地区教育事业发展较快，民众素质也有明显提高。但总体而言，该地区
教育起步晚、底子薄、基础差，教育发展难度大；当地民众受教育程度较低、
年限较短，整体教育水平落后。教育事业的快速发展与教育投入和教师配备的
矛盾也日益明显。这样，教育落后严重影响着该地区扶贫开发的深入推进。

（一）教育投入严重不足

第一，教育经费不足。随着"三免一补"政策③、校舍安全工程、营养改
善计划等一系列教育惠民政策的实施，滇西边境少数民族贫困地区义务教育经
费的投入得到大幅提高。但滇西边境少数民族贫困地区与云南省和全国相比，
在教育经费总投入、生均教育经费支出和预算内公用经费支出等多方面还存在
不小差距，可以概括为总量不多、增量不均、增幅缓慢。以该地区的 8 个边境
民族县为例，它们是：贡山独龙族怒族自治县、耿马傣族佤族自治县、沧源佤
族自治县、金平苗族瑶族傣族自治县、江城哈尼族彝族自治县、孟连傣族拉祜
族佤族自治县、西盟佤族自治县、澜沧拉祜族自治县。2012 年，这 8 个边境

---

① 徐赣丽：《民俗旅游与民族文化变迁——桂北壮瑶三村考察》，民族出版社，2006，第 164 ~
166 页。

② 金炳镐：《民族理论与民族政策概论》，中央民族大学出版社，2006，第 399 页。

③ "三免一补"政策："三免"是指免课本费、免杂费、免文具费；"一补"是指对小学半寄宿
制学生和初中困难学生生活给予补助。

民族县财政预算内教育经费占财政支出平均比例为 15.92%。其中贡山县的财政支出比例仅为 9.38%，远低于同年全国平均比例 16.31% 和云南省比例 19.05%。① 在人均教育经费总投入方面，2009～2011 年，这 8 个边境民族县人均教育经费总投入从 800.02 元只增加到 1100.06 元。同一时期，云南省人均教育经费总投入则从 910.03 元增加到 1490.09 元；全国人均教育经费总投入则从 1200.76 元增加到 1800 元。② 可见，这 8 个滇西边境民族县的人均教育经费总投入还是偏低。

此外，根据云南省 2011 年提出的调整省内中小学区域布局的目标，滇西边境少数民族贫困地区众多村镇中小学已完成了撤销合并工作，但合并后新建的很多寄宿制学校面临着资金不足的困局。以 2011 年为例，滇西 8 个边境民族县的小学教育生均教育经费支出为 5786.78 元。其中耿马县仅为 3469.78 元，比同一时期全国小学生均教育经费低 2647.71 元；在初中方面，滇西 8 个边境民族县初中教育生均预算内公用经费为 1563.02 元，同一时期，全国平均支出为 2044.93 元，高出前者 481.91 元。值得注意的是，滇西 8 个边境民族县的中小学教育生均预算内公用经费支出的增长速度与幅度都呈现大幅波动状态。以西盟县为例，2009 年，其初中生生均预算内公用经费支出为 4930.86 元，但 2011 年此项经费支出大幅下降为 1990.69 元。③

此外，在义务教育的普及方面，虽然 2010 年滇西边境地区的 56 个县已实现了"两基"④ 目标，但笔者调研发现，由于滇西边境少数民族贫困地区"普六""普九"的完成较为仓促，不够扎实，大多数地方只是勉强实现了"普九"和"两基"，还存在如上文所述的大量亟待解决的问题，其内在质量尚待提升。

第二，师资力量薄弱。据统计，滇西边境少数民族贫困地区各县共有 7318 所各级各类学校，在校学生约有 245 万人，教职工约有 15.2 万人，其中

---

① 资料来源：云南省教育厅财务基建处经费统计数据。
② 资料来源：云南省教育厅财务基建处经费统计数据。
③ 资料来源：云南省教育厅财务基建处经费统计数据。
④ "两基"目标：基本普及九年义务教育、基本扫除青壮年文盲。

专任教师约有 13.8 万人。① 虽然近年来国家的"特岗计划"和"资教计划"为滇西边境少数民族贫困地区补充了大量年轻教师,但该地区教师的工作和生活环境依然艰苦,工作压力大,工资收入低,发展空间小。这导致该地区不但难以吸引和留住优秀的师资力量,而且原有师资的流失也十分严重。以普洱市澜沧拉祜族自治县为例,2010~2012 年,该县小学教师减少 286 人,平均每年减少 95 人左右。② 教师的大量流失,导致该地区很多学校不得不强行拔高现有师资。一些教学能力不足、缺乏专业知识的教师继续留岗教学,制约了该地区中小学教学质量的提高。

此外,很多学科领域的专业教师严重不足,包括学前教育、信息技术、英语、音乐、体育、美术等,这使该地区中小学的学科结构严重失衡。以怒江州兰坪县为例,该县音体美教师构成比例分别为 1.77%、4.75%、1.41%。而且,滇西地区教育事业的师生比例严重失调。以 2012 年为例,全国初中师生比例为 1∶13.59,而上述 8 个滇西边境民族县平均比例为 1∶15.67,其中耿马县更达到1∶25。不仅如此,由于该地区目前多为寄宿制学校,教师除了教学外还要照顾学生的日常生活,工作压力巨大。由于教育经费有限、教师数量紧缺,当地教师很难有机会到县外进修学习,这十分不利于教师队伍理论水平、文化知识、教学能力和整体素质的提升,从而在长远上削弱了该地区的人力资源和发展潜力。

(二)教育意识淡薄

滇西边境少数民族贫困地区的义务教育已经获得长足发展,但其消除该地区长期贫困方面的作用尚不显著,这就为读书无用论提供了可乘之机。因而很多少数民族成员对教育脱贫的重要性和紧迫性认识不足,造成教育意识淡薄。

第一,忽视非义务教育的长期效益。该地区民众由于受早婚观念和外出务工热潮等因素的影响,很多孩子接受完义务教育后,就被家人催促回家结婚、在家务农或外出打工。调研期间,双柏县爱尼山乡海子底村村民张某对笔者说:"我们村高中毕业的,毕业后还不是和同村小学、初中毕业的孩子一起到

---

① 张晓军:《滇西扶贫开发的影响及问题分析》,《现代教育教学探索》2014 年第 4 期。
② 资料来源:澜沧县教育局提供材料。

江浙打工去了。反正高中毕业也一样打工，干吗要浪费三年的钱，白白耽误三年时间？"村民田某对笔者说："我们家大儿子5年前上大学是贷款上的，为了供他，我们家新房也没有盖，两个女儿初中毕业也就出去打工了。现在儿子毕业一年多了，在昆明打工，还没有他两个妹妹挣的钱多。"

事实上，义务教育对消除长期贫困的直接作用虽然有限，但它可以为个人的长远发展打下良好的基础，而非义务教育阶段则是真正提升个人整体素质和发展潜能的关键期。然而，该阶段时间长、投资大且收益较慢，往往受到忽视或者被迫放弃，这导致该地区的人力资源难以得到长期稳定的发展提升，脱贫致富也就缺乏长远的动力与后劲。要真正提高贫困人口对非义务教育的积极性，关键在于如何有效减轻非义务教育阶段对他们的经济压力，这是下一阶段扶贫开发工作中应该着手解决的问题。

第二，对职业教育的重要性认识不足。首先，虽然滇西边境少数民族贫困地区需要大量的劳动技能型人才，但该地区贫困人口对职业教育认识不足，认同度低。调研中有村民对笔者说："如果让娃娃在学校学种地技术，还不如回家我们教他，我们种地种一辈子了；如果学别的技术就应该到城里跟着师傅学，师傅做的时间久，见的世面广。"其次，一般职业技术学校的三年学制在很多贫困家庭看来耗时长、花费高，他们更希望孩子在经过较短时间的培训后，能够有"立竿见影"的学习成效。最后，滇西边境少数民族贫困地区的职业教育长期存在着诸如办学条件差、培养目标不准确、专业设置不合理、毕业生就业状况不理想等问题，这造成很多家长对职业教育抱有成见，认可程度较低。以上多种因素导致职业教育并未成为该地区大多数贫困家庭通过教育脱贫致富的首要选择。下一步如何提升该地区的职业教育水平，更好地发挥职业教育在扶贫开发中的人力资本培育功能，是新阶段扶贫工作应该认真研究和解决的课题。

（三）双语教育面临困境

为保障少数民族的语言文字权利，我国专门为少数民族学生开设了"双语教育"课程。然而，滇西边境少数民族贫困地区的双语教学面临巨大困难，主要原因是：该地区少数民族数量众多；同一民族语言内部往往支系繁多且彼此不通；一些民族有语言无文字。例如，怒江州的怒族文字鲜有人掌握，而怒族语言分为兰坪县、福贡县、泸水县、贡山县等不同支系，且相互间无法沟通。另外，该地区各级学校中具备双语教学能力的教师人数较少，其教学水平参差不齐，且配备的教材不完善，因此难以形成统一的教学标准，难以保障双语教学的质量。

此外，大部分少数民族学生在进入学校之前使用的是少数民族语言。进校后从零起点学习汉语和其他科目，学生学习负担十分沉重，打击了其学习积极性，严重影响教学质量、学习效果，更是影响学生掌握科学文化知识的速度、广度和深度。这个问题必须从根本上予以解决，制定出与"双语教育"配套的、人性化的和切实可行的教学标准和学制体系，否则"双语教育"在滇西边境少数民族贫困地区将流于口号和形式，少数民族的语言文字权利也得不到有效保障，从长远看必将拖累该地区的扶贫开发事业。

第四节　扶贫开发机制原因分析

扶贫开发，是我国中央与地方各级政府的重要职责与重要任务。在扶贫开发过程中，中央与地方各级政府在各自的层级上都发挥着组织领导、资源配置的主导作用。因此，各级政府部门如何各司其职、通力配合，为扶贫开发创造良好的制度环境就变得十分重要。然而，这种政府主导下的扶贫工作机制行政化色彩较浓，往往会影响扶贫开发工作的效率；而且现有的部门间条块分割的扶贫方式，容易导致各政府部门对扶贫资源和资金的不良竞争，甚至引发部门间的利益冲突。[①] 这些制度环境上的缺陷也制约着滇西边境少数民族贫困地区扶贫开发工作的深入推进。

一　扶贫开发工作机制上的一些缺陷

我国采取着中央和地方各级政府主导各自层级扶贫开发工作的机制，它的优点是，在消除农村贫困方面目标明确、措施得力、效果显著。但同时我们应该看到，这种政府主导的工作机制存在着一些副作用，即扶贫开发的过度行政

---

① 匡远配、汪三贵：《揭开"贫困帽"下的机制缺陷》，《学习月刊》2012 年第 4 期。

化现象，其弊端在于：因为中央政府和各级地方政府是具有各自目标与利益诉求的政府组织，所以不同级别的政府机构在扶贫工作中有可能出现利益不一致甚至利益矛盾；而且扶贫过程中各个具体实施的政府部门之间也存在利益博弈。也就是说，在纵向的各级政府之间和横向的各个部门之间都有可能出现因利益矛盾而引发的扶贫目标、规划或实施的不一致和不协调。① 目前，我国的扶贫工作体制对此问题缺乏切实有效的协调机制和监督评价机制。如果这个问题得不到有效解决，各级政府和各个部门在扶贫工作中就难以形成有效的合力，甚至可能相互掣肘，从而影响扶贫开发的实施效果。

（一）多头管理、层层上报导致资金和项目管理效率受限

我国的扶贫资金和项目是由多级政府的多个部门分别管理的。一般来说，财政部（厅、局）和各级扶贫办主要负责管理财政发展资金和新增财政扶贫资金，用于整乡推进扶贫项目、贫困地区干部和劳动力培训项目以及扶贫贷款贴息项目；各级发改委主要负责管理以工代赈资金，用于基础设施建设类项目；财政部（厅、局）和各级民委主要负责管理少数民族发展资金，用于支持少数民族地区社会经济发展类项目；对口帮扶城市或省、州（市）直属单位负责管理帮扶资金，主要用于对口乡镇村组的基础设施建设和经济发展类项目等。可见，每一个拥有扶贫资金投放权或项目审批权的部门，都参与了扶贫资金或项目的管理，但在其之上却未能形成一个各部门都能接受的分工合作框架，而且部门之间缺乏相互监督制衡。这就很容易造成各部门之间协作不够、合作不力，甚至"打架"现象，它还有可能导致相关部门将经手的扶贫资源挪作他用，例如扶贫资源在层层传递之后，最终一层的县乡政府有可能挪用或滥用这些资源。

另外，扶贫资金和项目的申报审批流程过于烦琐和漫长，而且往往缺乏科学性，以怒江州贫困县A县的项目申报审批流程为例。一般先由A县下辖的乡镇筛选其下属村级单位所上报的扶贫项目；乡镇将扶贫项目计划上报至A县财政局、发改委、民宗局和扶贫办等部门筛选；通过A县扶贫领导小组审批后，项目再报怒江州财政局、发改委、民宗局和扶贫办审查汇总；通过怒江

---

① 汪三贵：《扶贫体制改革的未来方向》，《决策探索》2012年第1期。

州扶贫领导小组审批后，再上报云南省财政厅、发改委、民委和扶贫办，并按财政资金使用范围、投向和原则最终确定项目及资金使用方案，经报省扶贫办领导小组审批后联合下达执行；最后，按照云南省批准的项目计划，怒江州 A 县业务部门和乡镇政府组织项目实施，财政部门拨付资金或负责报账。笔者在该州的几个贫困县通过调研了解到，整个逐级上报审批过程耗时不等，其间贫困县、贫困村和贫困户只能等待；很多项目因此无法及时实施，当年送审的项目拖到第二年、第三年的情况比比皆是。

这种自上而下的项目管理方式还存在以下弊端：它往往造成审批下达的扶贫项目分散而零星，缺乏时效性与规模效益；扶贫项目的立项缺乏实地论证与贫困户的广泛参与，而行政部门在判断大量分散而零星的项目是否适合当地实际情况时，难免造成立项论证上的"瞎指挥"或不作为；[①] 各部门间的层层审批，还可能导致扶贫资源的层层截留与浪费，或导致多笔资金投入同一项目或者同一成果冲抵多个项目的现象。这些弊端影响扶贫项目的落实，影响扶贫资金投放的效率和效果，大大增加扶贫开发项目的资金成本，从而对扶贫开发事业产生内在的、不必要的负面影响。

（二）利益博弈导致扶贫资源流失

目前，在我国的扶贫工作中缺乏对拥有扶贫资源的各级政府和各个部门有效的评价与监督机制，而基层政府则对扶贫资源的末端分配权力过大。这一情况带来的隐患是：某基层政府或某相关部门在分配和使用扶贫资源时，一旦只考虑自身的利益就有可能偏离中央政府或上级部门既定的扶贫目标与要求，从而降低扶贫开发资源的有效利用。

滇西边境少数民族贫困地区的基层政府财政紧张是一个长期存在的问题。对该地区的基层政府而言，最重要的政绩考核指标是 GDP 增长和地方财政收入等，而扶贫开发工作绩效只能位居其后，而且县乡一级地方政府只需自行向上级政府呈报与扶贫相关的大部分数据。因此，该地区基层政府有动机也有可能将上级财政转移支付的扶贫资金挪用来填补地方财政缺口。一旦如此，扶贫数据就失去其应有的准确性和可信度，扶贫开发项目就不可能得到切实实施，

---

① 汪三贵：《扶贫体制改革的未来方向》，《决策探索》2012 年第 1 期。

基层的贫困户也无法得到足额的帮助。这种现象一旦蔓延开来，扶贫开发资金的既定目标就不能如期、保质实现。严重者甚至可能成为地方财政的"小金库"。笔者在调研中了解到，一些贫困地区基层教师的工资不能按时按量发放，部分贫困群众的医药费报销也被一拖再拖，其原因之一是相关资金被挪用了。

值得一提的是，在涉及多个部门的扶贫开发工作中，扶贫办承担着统一协调的职责，并要对扶贫项目的实施进行监督与验收。但是，扶贫办其实只是一个负责协调的议事机构，并没有约束其他扶贫部门的权力，因而不能统筹管理和安排其他部门的扶贫资源和扶贫方式。同时，各扶贫部门在资金使用的程序、目标和原则上也有所不同。在对这种各部门联动的扶贫项目进行评估时，需要分横向和纵向地对参与部门进行绩效评估，但在实际操作过程中难以做到，所以通常只能简单地对扶贫资金和项目投入进行监督，而难以对项目后期的使用、维护和扶贫效果进行评估，因而扶贫办就难以发挥对项目过程的监督和项目结果监督验收作用。此外，扶贫开发工作中的审计监督也比较滞后，即便出现问题，也只能采取有限的补救措施。以上这些问题造成了扶贫开发中监督评价的缺失，降低了扶贫开发的效率和公信力，不利于扶贫资金和项目的准确投放和顺利实施，直接影响了扶贫开发的效果。

二　扶贫开发政策执行者的素质参差不齐

我国中央政府为有效落实扶贫开发政策，提出了"省负总责、县抓落实、工作到村、扶贫到户"的要求。根据这一要求，扶贫开发工作由相关政府部门党政"一把手"负总责；扶贫开发的任务、责任和权利落实到省；扶贫开发政策的执行则是由各县具体落实到贫困村及贫困户。可见，扶贫开发政策实施的成功与否，取决于贫困地区各级干部和政府扶贫职能部门工作人员的执行能力和业务素质。

（一）基层干部对扶贫资源的分配主观性大

滇西边境少数民族贫困地区的扶贫资金是通过县级申报、省级管理（审批）的方式从中央和省级政府获取的。在扶贫项目上，基层干部往往一人说了算，主观性过大，缺乏科学决策。很多扶贫项目是由村干部、县乡镇领导选定和申报的，项目从申报到审批的过程中，贫困群众自身很少有机会参与。笔者通过调研了解到，乡镇和村干部对扶贫资源的处置权很大。以怒江州兔峨乡A村为例，村干部会按照乡镇干部的意见来申报项目；获得上级财政资金后，由乡镇分配到各村，再由村干部具体分配到农户。在这个过程中，一旦基层干部个人贪求政绩或一己私利，扶贫资源就难以全部、有效使用于贫困群众所急所需，扶贫项目就无法得以实施。

（二）扶贫政策执行者的自身定位存在偏差

政策执行者在扶贫开发中的自身定位，直接关系到扶贫开发工作能否真正地有效开展。如果各级扶贫开发职能部门将自己定位成居高临下的，甚至是高高在上的政策推行者，那么其在扶贫过程中往往会更多考虑本部门利益，而忽视基层贫困群众的利益，这将导致扶贫开发工作与贫困群众需求之间的错位，政策执行者就会脱离贫困群众、脱离贫困地区实际，从而严重影响扶贫开发的进程。

调研发现，部分扶贫政策执行者抱有居高临下的心态。比如，有的认为当地的贫困原因除了自然地理条件差和文化教育水平低以外，还认为贫困群众观念落后、性情懒惰，因而他们常以"不能使贫困户养成等、靠、要的懒惰思想"为借口，不按贫困户的意愿和需求办事，以致影响贫困群众所需的扶贫项目或扶贫资金。怒江州兰坪县的一位扶贫工作人员这样向笔者介绍当地情况："我们这边穷，主要是地方比较偏远，生活环境比较艰苦，以前政策也不如现在好。还有就是有的老百姓思想观念太落后，抱着自己的一亩三分地。给他们提供项目，前怕狼后怕虎，一听项目自己也要出一部分钱，很多人就不愿意参加，而且他们也不适应市场竞争。但话又说回来，我们也不能养成他们'等、靠、要'的习惯，他们该出的成本还是要出的。"这番话暗含着对贫困群众的偏见，与我国扶贫开发事业原本应有的目标、原则与精神内涵相违背。在这些偏见的影响下，扶贫工作可能就会蜕化为某些政策执行者对贫困群众高高在上的恩赐，而不是对贫困群众平等相待的帮助和扶持。这种忽视贫困群众需求、以自身偏见为先的不良工作态度，在滇西边境少数民族贫困地区的扶贫开发工作中时有发生。它必然造成扶贫政策执行者与贫困群众之间的隔阂，使贫困群众很难真心地、真正地和主动地参与扶贫开发，而往往沦为其中沉默的、被动的和无力的接受者。

（三）少数民族干部队伍有待增强

少数民族干部肩负着维护民族团结和睦、保障少数民族群众权益、促进少数民族地区经济文化发展的重任。少数民族干部的素质及其所发挥的作用，与当地的民族关系和经济文化发展息息相关。滇西边境少数民族贫困地区的扶贫开发能否顺利开展，与少数民族干部，尤其是少数民族基层干部关系十分紧密。少数民族基层干部了解本民族的语言、风俗、历史和文化，能感本民族群众所感、想本民族群众所想，对发展本民族经济文化有强烈意愿，当地少数民族群众也认为本民族干部是值得其信任的代言人，无论是反映问题还是咨询情况，都更愿找本民族干部。可见，在扶贫开发工作中，少数民族干部具有特殊作用，特殊优势。

然而，滇西边境少数民族贫困地区的少数民族干部队伍从整体上说，不管是从数量上还是在其素质上，都比较薄弱，是该地区扶贫开发工作中的一块短板。其主要表现为：少数民族干部来源较少，数量不够；少数民族干部与本民族人口的比例不协调；现有的少数民族干部大部分是行政管理干部，各种专业技术干部和经济管理干部数量较少；少数民族基层干部年龄偏大，学历普遍偏低，尤其缺乏学历较高的青年民族干部，难以形成合理的梯次配备。新阶段的扶贫开发工作对民族干部的整体素质提出了更高要求，也更加需要民族干部发挥重要的作用。但是，目前少数民族干部队伍的结构和现状，与滇西边境少数民族贫困地区的扶贫开发工作需求之间存在很大差距，需要及时采取战略性措施增强少数民族干部队伍，以满足新阶段扶贫开发工作的需要。

第五章
滇西边境少数民族贫困地区扶贫
开发的对策建议

从前几章的分析可以看出，多年来，滇西边境少数民族贫困地区的扶贫事业在党和政府的坚强领导下，经过当地少数民族干部群众的艰苦努力，已经获得了很大突破，取得了辉煌成就。但是，目前该地区的贫困问题仍然严峻，扶贫开发仍然有艰巨的任务没能完成，扶贫工作仍然面临着重重困难和问题。要解决这些问题，克服这些困难，提升扶贫开发的工作成效，就必须在当前国家扶贫攻坚进入新阶段的大背景下，重新明晰该地区的扶贫开发思路，并针对旧问题和新情况采取与时俱进、以人为本的改进措施和制度创新，确保该地区的扶贫事业在新时期取得突破性进展。

第一节　滇西边境少数民族贫困地区扶贫
开发的基本思路

要做好滇西边境少数民族贫困地区新阶段的扶贫开发，关键是认清该地区贫困问题的复杂性、区域性和民族特点，对现阶段扶贫工作中存在的问题和难点采取有针对性的改进措施，攻坚克难；其核心是把实现该地区各民族的共同繁荣发展作为扶贫开发工作的根本出发点和最终目标，根据国家的集中连片扶贫开发战略，借助该地区的区位资源优势，在新阶段的扶贫开发中取得更加扎实与可持续发展的脱贫致富成果。

一　以各民族共同繁荣发展作为根本出发点和最终目标

习近平同志多次强调："全面实现小康，一个民族都不能少"，"不能让一个兄弟民族掉队"。① 在新阶段滇西边境少数民族贫困地区的扶贫开发过程中，只有始终把实现该地区各民族的共同繁荣发展作为根本出发点和最终目标，才能使区内少数民族贫困人口真正成为扶贫开发中能动的、积极的主体；才能使扶贫开发真正得到贫困群众发自内心的信任、支持和深度参与；才能真正全面地提高区内贫困人口的综合素质；才能真正可持续地改善当地各族人民，尤其是贫困群众的生活质量，促进当地经济社会各项事业的发展，缩小该地区与发达地区之间的差距；也才能最终实现全面建成小康社会的国家发展目标。这是一个长期而艰巨的过程，各族人民必须在党和国家的领导下同心同德、艰苦奋斗才能实现，其间必须坚持以下原则。

第一，坚持团结互助合作的原则。各民族团结互助是我国社会和谐的基础，也是推动各项事业向前发展的强大动力。正如习近平同志多次强调的，"团结稳定是福，分裂动乱是祸"，②"全党要牢记我国是统一的多民族国家这一基本国情，坚持把维护民族团结和国家统一作为各民族最高利益，把各民族人民智慧和力量最大限度凝聚起来，同心同德为实现'两个一百年'奋斗目标、实现中华民族伟大复兴的中国梦而奋斗"。③ 从某种意义上说，滇西边境少数民族贫困地区的民族关系如何，各民族之间是否团结和睦，是决定该地区扶贫开发能否顺利开展的一个基本条件。区内多民族大杂居、小聚居的分布特点，决定了该地区各民族之间谁也离不开谁、谁也不能独善其身的民族关系状况，决定了各民族在政治、经济和文化等方面的密切联系，尤其是我国社会主义国家性质决定了不能让任何一个民族在发展事业中掉队，必须坚定不移地坚持各民族共同繁荣发展的基本原则。

因此，在滇西边境少数民族贫困地区的扶贫工作中，首先应同时且同等地

---

① 《"全面实现小康，一个民族都不能少"——习近平总书记会见贡山独龙族怒族自治县干部群众代表侧记》，人民网，http://politics.people.com.cn/n/2015/0123/c1024 - 26434779.html，2015 年 1 月 23 日，最后访问时间：2017 年 4 月 12 日。

② 《习近平：坚决反对一切危害各民族大团结的言行》，新华网，http://news.xinhuanet.com/politics/2014 - 03/04/c_ 119605932.htm，2014 年 3 月 4 日，最后访问时间：2017 年 4 月 12 日。

③ 《筑就民族团结进步的中国梦——十八大以来以习近平同志为总书记的党中央关心少数民族和民族地区纪实》，中华人民共和国国家民族事务委员会网站，http://www.seac.gov.cn/art/2014/9/28/art_ 31_ 215382.html，2014 年 9 月 28 日，最后访问时间：2017 年 4 月 12 日。

提升和促进各个民族的自我认同与各民族间的相互认同。只有在树立充分的民族自尊的基础上，才可能培养出民族间真心实意的相互接纳和彼此欣赏，而只有以之为基础，才可能真正实现扶贫开发中民族间的互帮互助和相互促进，才可能真正实现各民族的共同繁荣进步。其次要充分发挥区内各民族的优势，并将这些优势从发展战略的高度配置与结合起来，发挥一加一大于二的功能，以加快该地区的整体发展，促进区内各民族的共同繁荣进步。总之，滇西边境少数民族贫困地区的扶贫开发要明确而坚定地以各民族共同繁荣发展为根本出发点和最终目标，其核心是"共同"，方向是"繁荣发展"，关键是"团结奋斗"。

第二，坚持科学发展的原则。通过扶贫开发缩小滇西边境少数民族贫困地区与发达地区之间的差距，既是解决该地区经济发展总体滞后且不平衡问题的有效路径，也是解决该地区民族问题的必然要求。衡量民族问题解决得好坏的标准，除了民族关系状况，各民族的共同繁荣发展更是必不可少。也就是说，该地区通过扶贫开发实现各民族共同繁荣发展的过程，实际上也是一个解决区内潜在民族问题、巩固和谐民族关系的过程。而各民族的共同繁荣发展，关键是要坚持以科学发展观统领经济社会发展全局，科学地确定发展思路和发展目标，按照经济文化等规律办事，以促进该地区的全面发展。[1]

首先，科学发展的核心是以人为本。在扶贫开发过程中，滇西边境少数民族贫困地区的各级政府应俯下身来，多多关注和倾听贫困群众的所想和所需；应增强服务意识，杜绝对贫困群众高高在上的"施舍"心态与作风，纠正以"政绩"为首要考虑因素的错误思想，否则有可能动摇扶贫开发事业的基本宗旨、群众基础或对之造成重大损失。其次，科学发展的优势是全面协调可持续发展。滇西边境少数民族贫困地区的扶贫事业，要在合理开发该地区各项资源的同时，做好资源保护工作。应杜绝只顾眼前利益的短视行为，杜绝杀鸡取卵、竭泽而渔的掠夺式发展。总之，该地区的扶贫开发应以贫困群众的各项需求为根本出发点，兼顾经济、政治、社会、文化和生态等各方面，在以人为本和科学发展的原则下，实现五位一体的全面协调发展，不仅要改变区内经济总

---

[1] 胡锦涛：《在中央民族工作会议暨国务院第四次全国民族团结进步表彰大会上的讲话》，人民出版社，2005，第7~8页。

体滞后的现状，还要实现区内贫困人口素质的全面可持续提升。

目前，云南省正在推进"民族团结进步边疆繁荣稳定示范区"建设，并且已经把它列为国家民委与云南省政府今后一个时期的重要工作。这为滇西边境少数民族贫困地区的扶贫开发事业，以及实现区内各民族共同繁荣发展的目标提供了一个很好的机遇。"民族团结进步边疆繁荣稳定示范区"是党中央国务院在当前全面建成小康社会的关键时期和深化改革开放、转变发展方式的攻坚时期，为加强民族团结、维护边疆稳定、营造良好的发展与改革环境而提出的。其目标就是要促进云南省少数民族地区的科学发展与和谐发展，全面提升该地区的综合实力。

具体来说，示范区建设的目标任务是要使云南省在民族经济发展、民生保障改善、民族文化繁荣、民族教育振兴、民族关系和谐等十个方面[①]做出新示范，在少数民族地区发展、民族团结进步事业和边疆繁荣稳定等多方面实现新跨越。[②] 可见，示范区建设要求云南省少数民族地区实现经济、社会、文化、生态和民族关系等方面的全景式协调发展，示范区建设所要实现的三个"新跨越"是互为因果的，其最终目标也是实现各民族的共同繁荣发展。

滇西边境少数民族贫困地区地处边境，是云南省内民族成分最复杂、少数民族人口最多的地区，这就决定了它必然成为该示范区建设的窗口，而该地区的扶贫开发与该示范区建设也必然会产生紧密联系：扶贫开发的好坏将直接影响示范区建设的成败，反过来，示范区建设的得失也必将反作用于扶贫开发的成效，两者相辅相成、互相影响。因此，滇西边境少数民族贫困地区的扶贫开发事业，应该紧紧抓住云南省建设民族团结进步边疆繁荣稳定示范区的大好机遇，在多个方面实现平衡的、可持续的以及跨越式的发展。

二　以地区区位优势、资源优势为发展动力

党的十八大报告提出，要"创新开放模式，促进沿海和内陆沿边开放优

---

① 云南省"民族团结进步边疆繁荣稳定示范区"建设的目标任务是：在民族经济发展、民生改善保障、民族文化繁荣、民族教育振兴、生态文明建设、民族干部培养、民族法制建设、民族理论研究、民族工作创新、民族关系和谐十个方面作出示范。

② 中共云南省委、云南省人民政府：《关于建设民族团结进步边疆繁荣稳定示范区的意见》，《今日民族》2012 年第 7 期。

势互补，形成引领国际经济合作与竞争的开放区域"，并且要在沿海、内陆和沿边地区共塑"三位一体"的开放新格局。① 对于滇西边境少数民族贫困地区来说，国家推动的沿边地区对外开放，意味着该地区可以利用其特殊地缘、资源禀赋和文化多样性等优势，扩大与周边国家的互联互通，在经济文化等多领域开展多渠道、多形式的合作，从而带动该地区的扶贫开发，帮助贫困人口更好更快地脱贫致富。

第一，以地区区位优势为发展动力。滇西边境少数民族贫困地区拥有便于扩大沿边开放的天然地缘优势和区位优势。该地区内有 19 个边境县分别与缅甸、老挝和越南等国接壤，其中中缅边境段 1997 公里，涉及 14 个县；中越边境段 915 公里，涉及 3 个县；中老边境段 710 公里，涉及 2 个县。长期的边贸往来使该地区形成了众多的边境口岸，包括 14 个国家一类口岸和 5 个二类口岸，共有约 86 条边境通道和 79 个边民互市点。另外，滇西边境少数民族贫困地区拥有国家对外开放战略布局上的区位优势。该地区是我国通往东南亚的重要陆路通道，处于中国—东盟自由贸易区与大湄公河流域经济合作平台的中心位置，加之国家大力推进沿边开发开放、协调区域发展的战略，该地区已经成为我国面向西南开放的重要门户。因此，滇西边境少数民族贫困地区在新阶段的各扶贫开发攻坚战中应该充分发挥其区位优势，广泛参与国际合作，加强与东南亚国家的经济、文化和贸易交流，着力构建"七中心三带四走廊"② 的经济发展格局，激活该地区的区域中心功能和经济联结功能。这些战略区位优势一旦实现向发展优势的转换，必将为该地区的扶贫开发注入全新而强大的动力。

第二，以地区资源优势为发展动力。滇西边境少数民族贫困地区自然资源富集：金沙江、澜沧江、怒江与红河等水系蕴藏着巨大的水力资源；该地区处于我国西南三江成矿带，区内矿产资源十分丰富。比如红河州已在 500 余处发

---

① 胡锦涛：《坚定不移沿着中国特色社会主义道路前进，为全面建成小康社会而奋斗——在中国共产党第十八次全国代表大会上的报告》，人民出版社，2012，第 23 页。

② "七中心三带四走廊"包含以下内容："七中心"指大理市、保山市、普洱市、楚雄市、丽江市、临沧市、芒市；"三带"指沿边开放经济带、沿怒江—澜沧江经济带和香格里拉—丽江—大理—镇沅—普洱经济带；"四走廊"指玉溪—普洱—景洪—磨憨、打洛经济走廊，玉溪—临沧—清水河经济走廊，楚雄—大理—保山—芒市—瑞丽、猴桥经济走廊和攀枝花—丽江—兰坪—片马经济走廊。

现矿藏 50 多种，怒江州发现矿藏 28 种，其中有色金属矿藏达 2000 多万金属吨。同时，该地区也是我国极为重要的植物分布地和动物栖息地，拥有国家级自然保护区 11 个、国家湿地公园 3 个、国家地质公园 3 个、国际森林公园 11个和世界文化自然遗产 2 个，区内 19 个边境县中 17 个县森林覆盖率在 30% 以上。[①] 这些丰富的自然资源是助推扶贫开发事业的潜在的优势。

此外，滇西边境少数民族贫困地区还拥有独特的人文旅游资源。该地区是典型的多民族聚居区，民族文化多样，民族风情浓郁。区内少数民族村镇与民居风格独特、种类繁多且大多保持原生态；少数民族历史文化、文学艺术和民间工艺等文化资源积淀深厚，为民族文化产业和旅游业提供了得天独厚的条件。

滇西边境少数民族贫困地区应该把自然生态和民族文化的多样性资源作为推进其扶贫开发的有利条件。在维护好自然生态体系、保护好民族传统文化的基础上，合理有效地利用该地区的自然资源和人文资源，拓宽扶贫开发渠道，改进既有的自然资源和人文资源扶贫开发模式，充分调动贫困人口的致富积极性，更好更快地实现小康目标。

第三，以"面向西南开放重要桥头堡"建设为发展契机。为加快实施沿边开放战略和西部大开发战略，国务院于 2009 年提出了"把云南省建设成为我国面向西南开放的重要桥头堡"发展目标，从而明确了新形势下云南省在国家对外开放和区域发展战略中的功能定位。国家对云南省的这一战略定位，意味着滇西边境少数民族贫困地区已经成为我国面向西南开放的前沿地带，理所当然地成了"桥头堡"建设的重点地区。该地区应该紧紧抓住这个难得的历史机遇，在维护边疆稳定与睦邻友好的基础上，紧密结合自身的区位优势和资源优势，主动融入东南亚经济一体化进程，并将之作为加快区内扶贫开发的新抓手和新动力，逐步培养核心竞争力，弥补自身发展短板，带动区内贫困人口的脱贫致富。

三　以集中连片开发战略为发展依托

2011 年，国家颁布《中国农村扶贫开发纲要（2011—2020 年）》，明确了

---

① 国务院扶贫开发领导小组办公室、国家发展和改革委员会：《滇西边境片区区域发展与扶贫攻坚规划（2011—2020 年）》，2012，第 14 ~ 15 页。

新阶段扶贫开发工作的重点是集中连片特殊困难地区。所划出的 14 个集中连片特困地区覆盖了我国绝大部分的贫困地域和贫困人口，滇西边境少数民族贫困地区也被列入其中。这些特困地区大多是少数民族聚居的生态脆弱区，扶贫工作难度大、成本高，"要在这样一批一般经济增长不能带动、常规扶贫难以奏效的极度贫困地区实现经济一体化发展，是一项前无古人的伟大创举"①。而且，集中连片扶贫攻坚战略是一种创新性的区域发展与减贫战略，没有现成的模式可以仿效，也没有现成的经验可以借鉴。② 但国家已经并将继续采取一系列倾斜政策和有力举措，大力推进这一战略。因此，滇西边境少数民族贫困地区的各级地方政府，一方面应该以集中连片开发战略为依托，推进新阶段的扶贫开发工作；另一方面又要在实践过程中探索新的减贫路径，把该地区扶贫开发的决策规划与集中连片开发战略及其配套政策措施有机结合起来，力争使新阶段的扶贫开发在连片开发战略的背景下实现最大化和最优化的效果。

在新阶段扶贫开发过程中，要坚持把集中连片开发与区域经济社会发展有机结合起来。我国区域发展不均衡的现状与格局，决定了集中连片特困地区成为新阶段扶贫攻坚的主战场，因而也成为推动区域经济发展的重点地区。有学者这样描述我国区域发展的不平衡："地区间差距扩大，显现出'一个中国，四个世界'的区域差距格局，中西部贫困地区、少数民族地区、农村地区及边远地区是发展程度最低的'第四世界'。"③ 所以，落后地区的发展承载着缓解我国贫困现状和提升区域间发展平衡度的双重任务。④ 滇西边境少数民族贫困地区的扶贫开发就肩负着这种双重使命。因此，该地区的扶贫工作应站在区域经济社会发展全局的高度，牢牢把握"区域发展带动扶贫开发，扶贫开发促进区域发展"的根本原则，将区域发展与扶贫开发有机结合，利用区位资源优势，实现区域发展与扶贫开发的联动，使两者成为紧密配合的双引擎，驱动区内各民族的共同繁荣发展，最终与全国一道实现全面建成小康社会的发展

① 杨安华、李民：《连片特困地区公共安全协同治理研究》，《甘肃社会学刊》2012 年第 6 期。
② 黄承伟、向家宇：《科学发展观视野下的连片特困地区扶贫攻坚战略研究》，《社会主义研究》2013 年第 1 期。
③ 胡鞍钢：《中国：走向区域协调发展》，《经济前沿》2007 年第 1 期。
④ 黄承伟、向家宇：《科学发展观视野下的连片特困地区扶贫攻坚战略研究》，《社会主义研究》2013 年第 1 期。

目标。

但是，如何有效地联动配合区域发展与区域扶贫，仍然是一个有待深入研究论证的课题。例如，如果该区域的规划只定位于区域发展，它仍然是区域发展规划，而不是带有特定扶贫目标的扶贫规划；而如果区域规划只满足于实现扶贫目标，就难免又回到扶贫的传统模式，同时还会限制区域发展的思路。[①]滇西边境少数民族贫困地区应注重减贫与发展的高效整合：以减贫为根本，以发展为保障，以该地区整体的扶贫开发成果推动区域经济社会的发展进步，以区域发展进步巩固扶贫开发成果。总而言之，在国家实施连片扶贫开发战略的新阶段，该地区的扶贫开发与区域发展同等重要，两者必须齐头并进、相辅相成，以求促进连片开发战略、区域全面发展和扶贫开发事业之间互相支持、相互配合与相互促进的"大扶贫"格局的实现。

第二节 滇西边境少数民族贫困地区扶贫开发的基本对策

对于滇西边境少数民族贫困地区的扶贫开发而言，改善区内贫困人口的生存与生活环境一直是其首要任务与首要目标，必须坚定不移地抓住不放。同时，要通过加快该地区的城镇化进程和优化区内的产业结构，带动地区经济社会的整体发展，形成该地区经济社会发展与扶贫开发的良性互动。

一 着力改善贫困人口的生存与生活环境

滇西边境少数民族贫困地区的扶贫开发，其首要工作就是改善区内少数民族贫困群众的生存与生活条件，包括加快区内重要基础设施的建设步伐、着力解决社会保障问题、加强生态文明和环境保护等。其目的是满足该地区贫困群众基本的生存生活需求，并改善其基本的生存生活环境，为贫困人口的脱贫致富准备相应的外部条件。

（一）完善基础设施建设

滇西边境少数民族贫困地区经济发展滞后的一个重要原因是其基础设施薄

---

① 黄承伟：《七论片区扶贫体系研究片区扶贫规划编制的内容与框架》，《中国扶贫》2011 年第 16 期。

弱，导致其自身资源无法得到充分的开发利用，而外部资源也难以在区内自由流转。该地区要想摆脱贫困面貌、促进经济社会发展，就必须把完善基础设施作为扶贫开发的重要工作，特别是重点建设一批能够带动当地经济社会发展的基础设施项目，优先安排少数民族贫困群众能够直接受益的基建项目。

第一，改善交通道路条件。滇西边境少数民族贫困地区现已基本形成"四横三纵"[①]的区域性交通运输网络，但其辐射力与带动力还十分有限，该网络尚未达到区内交通条件十分恶劣的大部分乡村组等基层地区，对这些基层地区开发资源、增收脱贫的帮助作用还未充分发挥。因此，滇西边境少数民族贫困地区在构建区域性交通网络时，应更加注重与少数民族贫困群众生产生活息息相关的基层道路网络建设：确保县城到乡镇的沥青或水泥公路的全面建成；加快乡镇间硬质路面公路的建设；提高村级道路向村民小组和居民点的通达程度；推进串寨道路的建设，避免不同乡村之间出现"断头路"。另外，要抓住滇西边境少数民族贫困地区的沿边区位优势，搭建区内边境县通达缅甸、老挝和越南的交通运输主通道，推动澜沧江—湄公河的航道和港口建设。以上所述基础设施一旦建成或得以改善，将对该地区贫困人口的增收脱贫发挥巨大而长远的助力作用。

第二，加强农田水利基本建设。鉴于滇西边境少数民族贫困地区的气候条件和水资源现状，区内农村应着力兴修以抗旱为重点、兼顾防洪的水利基础设施，以改善该地区的农业生产条件，提高其抵御自然灾害的能力。目前，滇西边境少数民族贫困地区水利建设的当务之急是：需要加快各乡村组的"五小水利"[②]工程建设；加强金沙江、怒江、元江等沿江干热河谷[③]地区的抗旱应急水源与配套设施建设；统筹区内的各型水库建设，以提高该地区的水资源共济、调蓄和防洪能力；强化各乡村组的塘堰清淤及河道综合整治；提升对金沙

---

① "四横"是指：攀枝花—丽江—泸水—片马通道、昆明—楚雄—大理—保山—瑞丽通道、石屏—镇沅—临翔—清水河通道、屏边—江城—思茅—孟连通道；"三纵"是指：昆明—思茅—景洪—磨憨通道、丽江—临翔—思茅—景洪通道、贡山—泸水—保山—临沧—打洛通道。

② 五小水利是指小水窖、小水泵、小坝塘、小水池和小水渠。

③ 干热河谷是指高温低湿的河谷地带。滇西边境少数民族贫困地区的干热河谷主要分布于金沙江、元江和怒江等沿江地区，其主要气候特点为炎热少雨，水土流失严重，寒、旱、风、虫、草、火等自然灾害突出。

江、怒江、元江、红河等区内重要江河及其他中小河流的综合治理与养护。另外，该地区特别是怒江州耕地坡度大，人均占有耕地面积较少，因此应继续重点实施土地平整、坡改梯、水利渠系配套以及土壤改良等工程，同时进一步加强农业综合开发与中低产田的土地改造力度。

第三，加快能源建设。滇西边境少数民族贫困地区拥有丰富的水能、风能和太阳能等可再生能源。应以建设成国家清洁能源基地为发展目标，大力推进风能和太阳能发电项目，推进澜沧江、金沙江、怒江等水电资源开发项目，同时推进与周边国家在可再生能源方面的开发合作。除此以外，该地区农村基层应持续开展改厕、改圈和改厨工程，积极推广太阳能、风能等绿色清洁能源的使用。

第四，改善人居环境。该地区的一些少数民族仍存在人畜同住的情况，为此，首先应实现人畜分居。其次，区内农村基层有相当数量的住房质量堪忧，还有不少土基房、木杈房、木楞房和茅草房等，这些房屋难以抵挡自然灾害的侵袭，因而应重点实施农村简易房改善和危房改造。同时，还应重视该地区居民的生活用水质量，全面推进区内的饮水安全工程建设，加强水源地保护与河水污染防治，重点治理水质不达标地区，加快推进村村通自来水工程，减少乃至消灭水介传染病、水致地方病。

需要注意的是，能否充分发挥滇西边境少数民族贫困地区基础设施长远效益的关键在于基础设施项目的后续管理。调研中笔者发现，有的地方存在后续管护跟不上或管护缺失，导致基础设施没能充分发挥作用，甚至弃之不用、遭到损坏的情况。因此，当地基层政府必须落实各基础实施项目的管护责任，防止基础设施前建后毁的现象。

（二）健全社会保障体系

滇西边境少数民族贫困地区的经济与社会发展滞后，其中农村社会保障体系和公共服务事业严重落后，这是该地区贫困人口久脱不富、重复返贫的重要原因之一。随着该地区扶贫开发的深入以及经济社会的发展，应为区内的贫困群众提供更好、更完善的社会福利和社会保障，只有这样才能有效确保和帮助提高少数民族贫困群众的生活水平。

第一，立足于实现"病有所医"，建立健全医疗保障体系。滇西边境少数民族贫困地区的绝大多数贫困家庭收入极为有限，经济能力十分薄弱，容易因病因残致贫返贫。因此，为他们提供基本的医疗保障，做到"病有所医"，就可以有效缓解此类致贫返贫现象。目前，随着农村新型合作医疗制度的建立，该地区少数民族贫困群众看病难的问题在一定程度上得到了缓解，生活状况有了一定的改善，但是，如本书第三章中笔者调查发现的，"新农合"报销在区内的不少地方限制多、比例低而且审核烦琐。因此，进一步改善"新农合"报销程序、提高报销标准，增加社会保障信息对贫困群众的透明度，降低他们的使用成本，就成为新阶段扶贫工作的当务之急。

第二，立足于实现"老有所养"，建立健全社会养老保障体系。对于滇西边境少数民族贫困地区的贫困家庭来说，养老往往是相当沉重的负担，而该地区相当一部分孤寡老人更是处于长期贫困的状态。对此，应扩大对区内老年人的帮扶范围，使那些未达到"五保户"或低保条件，但实际生活水平远远低于贫困线的老年人进入养老保障的目标人群；同时拓宽该地区养老金的筹措途径，采取子女、亲属、村组、乡镇和民政部门等多方共同筹集的办法，力争将养老保险覆盖到区内农村所有 60 岁以上的老人，[①] 真正完全做到"老有所养"。另外，还应积极探索适合该地区农村的社会养老模式，一方面鼓励和帮助家庭养老，从而建立起社会养老与家庭养老相结合的养老保障体系；另一方面增建农村敬老院，增设农村老年人日间照料中心和老年活动中心等。

第三，立足于"困有所助"，建立健全基本的生活保障体系。滇西少数民族贫困地区目前已经开始尝试将农村低保和扶贫开发两项制度相衔接，但尚处于起步阶段，而贫困群众对社会保障与救助的需求十分迫切，扩大社会保障的覆盖面已是刻不容缓。因此，应加快实现该地区农村低保和扶贫开发两项制度的合并，确定需要帮助的贫困人口，集中资金加大帮扶力度，使更多的贫困人口以及温饱线附近的低收入人口能够得到最低生活保障，为区内的贫困群众建立起经济上的安全救助机制。建立一套适于滇西边境少数民族贫困地区实际情况的社会救助保障体系，并做到"全面覆盖"和"应保尽保"，这是少数民族贫困群众的迫切愿望，也是该地区扶贫工作的当务之急，中央与地方各级政府应合力确保社会保障的资金投入，稳步提高区内社会保障给付水平与社会救助标准。

---

① 顾华详：《构建和谐民族地区社会保障制度的思考》，《宁夏社会科学》2006 年第 6 期。

（三）加大生态环境保护力度

滇西边境少数民族贫困地区脱贫慢、脱贫难，返贫情况严重，其重要根源之一在于贫困人口的生存发展强烈依赖本已瘠薄的土地和脆弱的生态，导致生态恶化与长期贫困之间形成一个恶性循环。滇西边境少数民族贫困地区的地理位置与自然环境决定了该地区是我国的生物多样性宝库和西南生态安全屏障；它同时也是一个生态脆弱地区，其生态环境保护直接关系到区内民众的生存质量与地区的发展空间。该地区的扶贫开发必须从可持续发展的理念出发，杜绝以破坏生态环境换取短期利益的盲目行为。

第一，要持续加强生态建设工程。首先，在巩固现有退耕还林成果的基础上，持续增加退耕还林工程的造林面积。其次，持续实施天然林资源保护工程、森林抚育工程、野生动植物保护区及自然保护区工程建设；通过植树造林、封山育林、封山禁牧等措施，推进该地区 36 个重点生态功能区的保护工作。最后，持续推进江河发源地的生态保护，重点加强长江上游防护林工程，以及元江、怒江、澜沧江、金沙江和独龙江等流域的水土保护林建设力度。

第二，要推进生态补偿制度建设。建立健全生态补偿制度，是滇西边境少数民族贫困地区经济发展的迫切需要，合理的生态补偿制度将有利于实现该地区人与自然之间的和谐共处。首先要明确生态补偿的主体和对象。一是应明确生态补偿主体，除国家补偿外，应遵循"谁发展谁受益谁补偿"的原则：无论地区、行业、企业和个人，只要经济上受益于生态环境，就应按其经济受益的一定比例提供合理的生态补偿资金。二是应明确生态补偿对象和范围。补偿对象应遵循"谁保护谁修复谁有偿"的原则，对保护和改善生态环境的地区、企业或个人，均应给予合理比例的补偿资金。补偿范围应遵循"谁破坏谁治理谁赔偿"的原则，补偿费用应包括生态保护费用和生态破坏所造成的直接和间接经济损失补偿费。其次要明确生态补偿方式。应将直接补偿与间接补偿相结合，除了直接发放补偿资金外，还应制定优惠政策或扶持补偿对象的配套政策作为间接补偿。再次要建立生态补偿基金。基于滇西边境少数民族贫困地区地理条件的特殊性和生态保护的高难度，应设立"生态补偿专项基金"，用于该地区的生物多样性保护和生态屏障保护及修复。最后应将生态补偿纳入法制化进程。国家应加快制定《生态补偿法》，对补偿的主体、对象、方式、资金分配和责任追究等具体内容进行明确的法律界定，以全面推进生态补偿工作的进程。

值得一提的是，滇西边境地区的少数民族文化习俗、宗教信仰和神话传说中，蕴藏着丰富而朴素的生态意识和生态理念。比如怒江的独龙族、怒族，西双版纳的傣族和丽江的纳西族等，其原始宗教就崇拜自然、敬畏自然，认为只有保护自然才能得到上天庇佑，免去责罚。无疑，这种传统观念对生态保护、促进人与自然和谐相处是有积极作用的。因此，在保护该地区的生态环境时，应注意吸收和利用区内少数民族文化中传统的生态理念和生态保护意识，并结合现代科学的生态保护知识，培养少数民族群众的环保意识，并鼓励其转化为自觉的环保行动。

二　着力加快城镇化进程

滇西边境少数民族贫困地区的城镇化水平很低，这意味着该地区的城镇化发展仍有很大空间。加快和优化地区内的城镇化建设，培育中心城市，发展特色小城镇，并注重城镇化进程中各民族关系的和谐，是进一步促进该地区经济社会发展、带动区内扶贫开发的有效措施。

第一，突出培育中心城市。滇西边境少数民族贫困地区城市体系的发育并不完善，甚至很不合理，大多是中小城市，其数量虽多但辐射和带动能力不足，对扶贫开发的拉动作用有限。因此，该地区新阶段的城镇化发展取向应突出区内新的中心城市的培育，提高既有中心城市的经济辐射功能，推动小城镇的发展，并完善和提升各型城市的经济文化功能。具体来说，一是重点建设和培育大理市、保山市、普洱市、楚雄市、丽江市、临沧市和芒市七个中心城市，拓展其城市空间，完善其城市功能，促进其人口与产业集聚，以使它们能够在地区发展中发挥中心城市的核心功能和辐射作用；二是加快一批重点县城的发展，发挥它们在地理位置和发展潜能上的优势，完善其各项城市功能，吸纳农村剩余劳动力，带动县域经济成长，并与区内中心城市共同形成滇西城市群，从而拉动该地区经济文化各项事业的全面增长。

第二，发展特色小城镇。小城镇是滇西边境少数民族贫困地区农村基层的核心，它们虽然数量众多，但其发展水平相对滞后，政治、经济与文化功能往往不够完善或者比较单一，辐射带动能力较弱。因此该地区应着力发挥区位资源优势，在区内推动小城镇的合理布局，重点建设旅游型与边境口岸型的特色小城镇，更加充分地发挥特色小城镇对扶贫开发的带动作用。

具体来讲，一是发展旅游型小城镇。选择具有便利的交通条件与自然人文特色的建制镇、乡集镇或中心村，在充分尊重和保护自然地理景观与民族文化风俗的基础上，开发富有当地特色的自然与人文旅游资源，如地理景观、名胜古迹、少数民族文化风俗及传统工艺制品等，逐步改善小城镇的基础设施建设，从而增强其人口聚集能力与经济辐射能力，进而带动其周边农村基层的扶贫开发。二是发展边境口岸型小城镇。滇西边境少数民族贫困地区的沿边口岸区域和互市通道沿线分布着很多边境小城镇。应基于其地缘优势，抓住新阶段建设云南省"西南开放桥头堡"的机遇，提升边境口岸小城镇的商贸物流等特色功能，完善其产业结构，推进边境贸易和边境旅游的发展，从而激活边境一线地区的经济文化发展，更好地发挥"西南开放桥头堡"的窗口作用。

第三，注重城镇化进程中和谐民族关系的建设。随着滇西边境少数民族贫困地区城镇化建设步伐的加快，该地区经济社会发展中的各种矛盾得到了一定程度的缓解，各民族间的平等团结与互助和谐是区内民族关系的主要特点。在新阶段的城镇化进程中，应格外注意的是继续确保各民族能够平等地分享城镇化带来的经济文化等方面的成果。该地区要实现整体上脱贫致富，就必须保证区内民族关系的持续健康发展，必须巩固平等团结互助和谐的社会主义民族关系，始终以各民族和睦相处、和衷共济、和谐发展作为民族关系发展的目标以及区内城镇化的发展导向。在该地区的城镇化进程中，应以云南省建设"边疆民族团结稳定繁荣示范区"为契机，加强城市人口，尤其是对新增城镇人口的民族政策与民族团结教育，鼓励其积极参与到民族团结进步事业中去，并通过祖国观、民族观教育，提升民族素质等途径，增强各族群众对祖国的凝聚力和向心力，使其在保持自身民族认同的同时，增强中华民族意识，增强对整个国家的认同，为维护健康的民族关系创造良好的社会环境。

三　着力调整产业结构

产业发展是经济发展与社会发展的重要支点。滇西边境少数民族贫困地区应依托自身的区位、资源和民族文化等优势，在巩固支柱产业的基础上，准确定位和充分发展其优势特色产业，以带动更多贫困群众脱贫致富。

第一，巩固和发展支柱产业。支柱产业是滇西边境少数民族贫困地区经济发展的根本保障。近年来，该地区优化和升级了产业结构，加强了第二、第三产业的发展，初步解决了以农业为单一支柱产业的问题，使得区内的产业发展形成了一个较为平衡的良性循环。但是，总体上看，支柱产业的发育还很不充分，它对当地经济社会发展的贡献能力还比较弱，还需要巩固和发展。另外，需要注意的是，该地区各地州、市、县在产业发展中应避免支柱产业的同构现象，应选取富有潜质和上升空间且最适合本地条件的产业作为未来的支柱产业加以培育。比如，红河州边境县可以把林业、矿业、水电、边贸和旅游等作为支柱产业；西双版纳和普洱两州市可以将橡胶、茶叶、蔗糖、水电、旅游、文化和边贸等作为支柱产业。

第二，培育优势特色产业。滇西边境少数民族贫困地区在产业发展中应充分利用自身资源，突出特色优势，大力培育优势产业、特色产业。例如该地区应充分利用特有的动植物资源，如中药材、香料和茶叶等，实现向特色产业的转换。其关键在于特色产业的定位和培植，选好选准特色产业，构建"一村一品、一乡一业、多乡一业、一县一至两个骨干品种"的特色产业体系，通过产业集聚，做大产业规模，并提升其抵御市场风险的能力。

首先，应发挥滇西边境少数民族贫困地区气候带多、生态资源丰富以及原生态、无污染的环境优势，大力发展高附加值的特色生态农业。各级政府应制定多种扶持政策，降低农民的技术培训门槛，加大生态农业方面的技术推广力度，把生态农业与脱贫致富结合起来，大力发展生态农业。同时，应力争在特色生态农业开发上实现政企农联手，提高生产的组织化程度，提升产品的附加值，采取推进农产品的就地深加工，推广产品的原产地认证、知名商标注册、绿色（有机）认证等配套措施，将该地区的资源优势和产品优势转化为有效推动扶贫开发的经济优势。

其次，应利用该地区的口岸禀赋和通道优势，重点培育一些既有特色又有发展潜力的边贸产业，重点开发精加工和深加工产品，加速初加工和原料型产业向精深加工型产业的转变。比如边境口岸既有的原料加工企业，可以与滇西边境地区内的天然橡胶、咖啡和香料等优势产业合作，形成相应行业的边贸龙头企业集团，将地区经济发展的平台辐射到东南亚和南亚的广阔市场。

最后，合理开发滇西边境少数民族贫困地区的特色旅游资源，如自然风光、原始生态和民族风情等，重点保护与开发特色型民族村寨和古村镇。可以采取政府搭桥、企业投资与农户参与的方式，在保护非物质文化遗产，传承原生态民族音乐与歌舞等文化资源的基础上，为其辅以合理的包装定位，将其打造成区内的文化亮点，进而充分发掘和发挥其商业价值，打造特色文化旅游产业，提升以旅游业和文化业为代表的第三产业，塑造成该地区的旅游品牌与文化品牌。

第三节 滇西边境少数民族贫困地区扶贫开发的主要途径

为了进一步深入推进滇西边境少数民族贫困地区的扶贫开发工作，除了明晰扶贫开发思路，制定切实有效的经济发展措施外，最重要的就是要抓住扶贫开发的根本规律与该地区的主要特色，着力加强少数民族贫困人口的能力素质的提高、其参与扶贫开发的权利保障以及区内传统文化的保护与开发，在这些方面，给予更多的扶贫资源和政策倾斜，逐步摸索出深入推进本地区扶贫开发并使之可持续发展的途径。

一 提升少数民族贫困人口的自我发展能力

长期以来，滇西边境少数民族贫困地区的扶贫资源主要集中于生产性项目。不可否认，这在很大程度上推动了该地区的经济发展，但是，区内少数民族贫困人口普遍缺乏文化素质和知识技能，这是其长期贫困的关键因素。区内的人力资源素质问题得不到破解，其脱贫成效从长期看就难以持久，也无法做到脱贫致富的可持续发展，这已经成为制约该地区经济平稳持续发展的关键问题。

有学者提出，针对滇西边境少数民族贫困地区在人力资源方面的突出问题，国家在集中连片开发战略中应将其定位为唯一的人力资源开发扶贫示范区，重点发展其人力资源。[①] 笔者也认为，在新阶段，该地区扶贫开发资源的

---

① 共济：《全国连片特困地区区域发展与扶贫攻坚规划研究》，人民出版社，2013，第43~46页。

使用，应从主要倾向于生产性项目过渡到更多倾向于开发人力资源，提高贫困人口的文化素质与技能水平。具体而言，充分发挥区内人口资源充裕、劳动力成本低的优势，要以学校教育为基础，创新人才培养模式，大力开展素质教育，提高区内少数民族贫困人口的综合素质，以求增强该地区在经济文化生态等方面的全方位可持续发展能力，真正实现该地区的持久脱贫致富。

（一）以学校教育为基础

人力资本理论认为，教育的经济价值主要体现在通过提升人的文化水平和知识技能，增强人的劳动能力与生产效率，同时提高资源配置效率，最终促成国家或地区经济的增长与居民收入的增加等方面。[①] 人才资本不足是制约滇西边境少数民族贫困地区经济社会发展的关键因素；教育落后又是制约该地区人力资本提升的关键因素。因此，该地区的扶贫开发必须更加重视学校教育，大幅提高少数民族贫困群众的受教育年限与质量，从根本上提升贫困群众的文化素质和知识技能，为该地区可持续的脱贫致富打下坚实基础。

一是巩固并提高区内的义务教育水平。滇西边境少数民族贫困地区是教育部定点联系的集中连片特困地区，该地区应抓住这一难得的有利条件，与教育部通力合作，高起点地制定新阶段区内的教育发展规划，大力提升义务教育水平。其中需要特别重视的具体问题包括：继续加大区内农村地区的义务教育投入力度，保障农村九年制义务教育经费，提高农村义务教育阶段家庭经济困难寄宿生的生活补助标准，落实农村地区的学生营养改善计划，继续推进农村义务教育学校标准化建设，以及改善农村学校师生的学习生活条件等。同时，应确保该地区少数民族贫困人口在义务教育阶段教育资源的优先配置权，以保障其接受义务教育的权利，提高其自我发展的能力与潜力，割断区内贫困的进一步代际传递。

二是强化农村职业教育。职业教育具有较高的适用性和针对性，能有效提高劳动者的技能素质、脱贫致富能力，因而对少数民族贫困地区的经济社会发展具有重要的实用价值。滇西边境少数民族贫困地区想要有效提高贫困人口的自我发展能力，就要在全面覆盖九年制义务教育的基础上积极发展职业教育，特别是中等职业教育，让未能接受普通高中教育的青少年劳动力后备群体能接

---

① 〔美〕舒尔茨：《教育的经济价值》，曹延亭译，吉林人民出版社，1982，第3~5页。

受到正规的职业教育。具体来说，该地区应大幅增加对职业教育的投入，逐步实现中等职业教育学费全免，加大对贫困学生的资助力度，促进职业教育与区内产业发展、转移就业相结合。比如，重点建设大理、楚雄、普洱、芒市等州市级职业学校，将其打造成该地区的职业教育和劳动力培训基地，围绕地区的特色旅游业、特色农业和特色加工制造业等产业发展，形成职业教育专业特色与优势。农村职业教育的提升，将促使该地区少数民族贫困群众挖掘自身的生产潜力、调动自身的生产积极性、提高自己的收入水平，并促使这三者之间形成良性循环，这是有利于农村地区摆脱贫困的一项长远之计。

（二）创新人才培养模式

著名经济学家阿马蒂亚·森提出，"只有能力才能保证机会的平等；没有能力，机会的平等是一句空话。也就是说，真正的机会平等必须通过能力的平等才能实现"[①]。滇西边境少数民族贫困地区要达到可持续的脱贫致富，就必须使其贫困人口在市场竞争中拥有平等的机会，必须尽快改变区内贫困人口的劳动技能滞后于社会发展的局面，必须尽快提高他们的自我发展能力。这一目标要求该地区的教育行业必须创新人才培养模式，适应区内人力资源开发的客观要求与实际情况。

一是通过各式短期培训提高贫困人口的劳动技能。应由滇西边境少数民族贫困地区各级政府牵头，发挥列为教育部定点扶贫单位的优势，积极与相关科研院校合作，根据该地区贫困人口的实际需要以及不同产业的发展趋势，提供多层次、多渠道的相关职业培训。要把培训重点放在种养殖业和农产品加工等与当地扶贫开发项目紧密相关的实用技术上。这可以帮助少数民族贫困人口在生产生活中实现从单纯依靠体力向依靠知识技能的转变，从而帮助解决该地区贫困人口知识技能与发展潜力不足的问题。但需要注意的是，劳动技能培训的开展必须长期化、固定化乃至个性化。培训人员应根据培训对象的不同民族语言和不同接受能力对教学内容作出调整，并对培训对象在生产操作中的实际问题提供及时、有效和专业的个性化指导。

二是推进基础教育与民族文化教育的结合。滇西边境少数民族贫困地区可

---

① 〔印度〕阿马蒂亚·森：《贫困与饥荒》，商务印书馆，2001，第6~7页。

以依靠其特有的民族文化资源，尝试将少数民族传统文化的内容融入基础教育，一方面为未来举足轻重的职业教育做好充分铺垫，另一方面可以唤起少数民族贫困群众对民族文化传承的热情和对基础教育价值的重视。例如在中小学阶段，可以适当添加一些日常生产生活所需的初级技能训练，如开设民族手工艺制作课程。

三是培养少数民族传统技法的传承人。少数民族传统技法通过民族文化的代际传递流淌在各少数民族的文化血脉中。这些民族传统技法蕴含着每个民族特定的思维方式和认识世界、理解世界的方式，对其日常生产实践的各个方面产生着影响。[①] 滇西边境少数地区的各少数民族创造了自己独特的知识体系。例如在生活用品方面有彝族的银器工艺、白族的木雕和扎染等；在医学知识方面有彝医、傣医等民族医学；在民族艺术方面有丰富的民族歌舞、乐器、刺绣、绘画等。因此，滇西边境少数民族贫困地区的教育行业应当调整其人才培养的目标取向：既重视现代化的科学知识技能，又要关注各少数民族的传统知识技法；把人才培养的一部分目标定位于具备多元文化适应能力的新型少数民族传统技法继承人上，争取培养出更多既掌握本民族的特色种植、医药和手工技艺等，又掌握现代技术知识的复合型人才，为该地区的扶贫开发源源不断地注入高质量的生力军。

需要注意的是，要提高区内少数民族贫困群众的自我发展能力，离不开高质量的教师队伍，然而该地区师资力量的现状不容乐观。因而，滇西边境少数民族贫困地区应实施吸引优秀教师的优惠政策，不断充实教育人才储备，加强中小学及职业教育师资的培训力度，并且大幅改善教师的工作生活条件，力争从根本上解决区内师资力量不足的问题。

二　保障少数民族贫困人口参与扶贫开发的权利

在我国的扶贫事业中，各级政府在诸如制定规划、筹措资金、组织实施、整合资源和完善体制等各个方面都起着主导作用。而政府主导的扶贫开发的效

---

① 孙翀：《从民族传统文化视角探索少数民族地区职业教育的发展》，《民族教育研究》2012 年第 5 期。

果，最终要通过贫困群众的受益情况来检验。习近平同志在视察贫困地区时多次提出"小康不小康，关键看老乡"，这也就是说，贫困群众对扶贫开发的切身感受是扶贫开发工作成败的最终评价标尺。因此，贫困群众的主体性和主人翁地位是否得到承认和尊重，他们自身的发展潜力是否得到提升，他们在扶贫开发中的各项权利是否得到保障，以及他们的生活环境和生活水平是否得到改善，就成为衡量扶贫开发工作成败得失的关键因素。

滇西边境少数民族贫困地区的扶贫开发要想获得成功，必须重视少数民族贫困群众的主动参与，尊重他们的主体性。其原因在于，一方面，扶贫开发的动力，不仅在于政府、社会的帮助支持等外在动力，更重要的在于当地干部群众的积极性、创造性等内在动力；另一方面，该地区扶贫开发的目的和意义不仅在于贫困人口的脱贫，更在于区内发展方式的转变、发展机制的创新以及民族区域自治制度的完善。① 要实现这些目标，就必须有少数民族贫困群众作为扶贫工作主体的积极参与，以及他们作为独立个人其自身整体素质的提高和发展潜力的实现，而这些都离不开对少数贫困群众主体性的尊重、对其各项权益的保障，这些将会带来巨大且无穷的精神动力。基于此，新阶段的扶贫工作应注意以下几点。

（一）在扶贫开发中要承认和尊重少数民族贫困群众的主体性和能动性

少数民族贫困群众是该地区扶贫工作的主体和最终受益人，这决定了扶贫开发的根本性质必须是一种贫困群众深度参与其中的参与式发展。② 这一性质决定了必须允许和保障少数民族贫困群众在扶贫开发过程中积极而全面地介入和参与所有（或至少绝大部分）与其相关的扶贫决策——不论是高层决策还是基层决策。同时，应通过制度设计，帮助和鼓励贫困群众在扶贫开发中自我设计和开辟脱贫路径，因地制宜地将本民族文化或传统技法与现代科技相结合，实现脱贫致富。这是因为，该地区的少数民族贫困群众与其生长于此的家园有着天然的联系，他们熟悉当地的生活环境、自然资源和文化资源等，只有

---

① 张海洋：《扶贫发展要体现少数民族视角》，《中国民族报》2012 年 2 月 17 日，第 6 版。
② 所谓"参与式发展"，其典型特征是主体对任何与其生活状况相关的发展过程或发展项目，都能够积极而全面地介入，并且参与全部的（或至少大部分的）决策制定过程。参见李小云《参与式发展概论》，中国农业大学出版社，2001。

鼓励他们主动参与扶贫开发，而且能够从这种参与中获得公平的利益分享，才能激发他们渴求脱贫、渴求发展的内在动因。而马克思主义辩证法告诉我们，内在动因一定是事物发展的主要动力，也必然是扶贫开发的主要动力。所以，如何在新阶段国家连片开发战略的背景下，激发贫困群众主动参与扶贫开发的内在动力，就成为新阶段扶贫工作成败的关键课题。

（二）该地区各级政府应当尊重少数民族贫困群众的主体地位

作为该地区扶贫开发工作的外部推力，滇西边境少数民族贫困地区各级政府必须真正树立起尊重当地少数民族贫困群众、尊重少数民族传统文化和本土知识的观念，要杜绝扶贫工作中的官僚主义和居高临下作风。各级政府的扶贫职能部门应该以鼓励者、支持者和推动者的姿态俯下身去，深入贫困群众当中，倾听他们的想法和需求，在各项扶贫事务与项目的决策上充分发扬民主精神，通过与基层少数民族贫困群众的充分协商达成一致，杜绝在扶贫开发的民主决策过程中走过场、搞包办，否则不仅可能造成扶贫资金与资源的浪费，而且会极大损害贫困群众在扶贫事业中的主体性，严重打击其对扶贫开发工作的信心和积极性。

（三）应尊重和保障法律赋予少数民族贫困群众的参与扶贫开发的各项权利

少数民族贫困群众在法律上享有参与扶贫开发的权利。在扶贫工作中，贫困群众的这些参与权必须得到有效保障。如前所述，这也是扶贫开发作为一种参与式发展的必然要求：参与式发展的核心是赋权，而赋权的核心则是对决策过程的所有参与者的权利再分配，它往往表现为保障和增加穷人、妇女等弱势群体在发展过程中的发言权和决策权。[①] 这也就是说，要确保滇西边境少数民族贫困地区的扶贫开发成为一种参与式发展模式，要使少数民族贫困群众能够深入而积极地参与扶贫开发，就必须保障他们的各项权利，包括参与权、知情权和决策权等，并增强他们行使这些权利的意识和实现这些权利的能力，以致在决策过程中他们能够通过民主的方式充分表达自己的意愿，并捍卫自身的权利。这样，少数民族贫困群众就会在充分享有自身权利的同时，增强其脱贫致富的主人翁意识与责任感，从而为该地区的扶贫开发事业注入源源不断的精神动力。

---

① 李小云：《参与式发展概论》，中国农业大学出版社，2001，第 2～4 页。

三　保护与开发少数民族文化资源

滇西边境地区各少数民族在长期的历史发展中形成了独特的民族文化和传统习俗，它们与滇西边境少数民族贫困地区的扶贫开发有着紧密联系。一方面，发展少数民族文化是该地区扶贫开发工作的最终目标之一，很大程度上决定着扶贫开发的得失与成败，同时也是扶贫开发的重要精神支撑；另一方面，扶贫开发为区内少数民族文化风俗的生存发展提供政策支持与物质保障，有利于民族文化的保护与开发。但是，如何在扶贫开发中保护、传承和发展少数民族文化资源，既使该地区的少数民族文化成为其脱贫致富的重要资源，又使民族文化免受过度商业化的危害，从而实现少数民族文化资源的可持续发展与利用，这是该地区扶贫开发面临的重大而紧迫的一个课题。这一扶贫开发课题的关键在于注重少数民族贫困群众对本民族文化的自信意识与保护意识，并且务实而理性地开发和利用民族文化资源。

（一）树立和培养少数民族贫困群众的文化自信与文化保护意识

随着滇西边境少数民族贫困地区扶贫开发的深入，当地丰富的民族文化资源越发被多方面运用于发展民族特色的文化和旅游经济。但是，需要注意的是，少数民族文化不能被无限度地甚至掠夺式地开发利用，而要在保护少数民族文化及保障少数民族群众文化权利的前提下，促进民族文化与经济发展的良性互动，树立和培养他们的文化自信与文化保护意识。

一是在扶贫工作中发挥少数民族的文化优势。少数民族文化要成为滇西边境贫困地区脱贫致富的资源，首先要树立对其的正确认识，纠正对其的文化偏见，不要将其与"原始"、"落后"和"愚昧"联系在一起。其次要充分认识并挖掘少数民族文化的内在价值。应看到包含少数民族文化在内的文化多样性对于人类社会生存与延续的巨大价值；应推动不同民族文化展现出的"各美其美、美人之美"的状态；应体认保护民族文化本身就是一种文化创造：具有内在生命力的民族文化代代延续的过程，也是其不断更新的过程；[①] 应鼓励

---

① 王建民：《扶贫开发与少数民族文化——以少数民族主体性讨论为核心》，《民族研究》2012年第 3 期。

少数民族群众发挥其主观能动性，发挥其基于本民族道德观、价值观和审美观的主动创造精神，将本民族文学艺术、风俗习惯、宗教文化和传统仪式，与现代法律和道德原则相结合，创建包容和谐的社会文化氛围；应培养少数民族群众对本民族文化的责任感，使其尊重习俗但不盲从迷信，传承精髓而不拘于陋习。只有这样，才可能更好地利用现有文化资源，充分地挖掘区内民族文化潜力，搞好民族特色经济，做到文化与经济的良性互动发展。

二是在扶贫工作中树立少数民族贫困群众的文化自信。要树立少数民族群众的文化自信，就必须先建立其"文化自觉"。按照费孝通先生的理论，"文化自觉"是"指生活在一定文化中的人对其文化有'自知之明'，即明白它的来历、形成过程、所具有的特色和它的发展趋向等。这将有助于人对文化转型的自主能力，取得决定适应新环境、新时代和新的文化选择的自主地位"。[1]建立"文化自觉"意味着少数民族贫困群众对本民族文化的内在价值具备更加深入的认识，这有助于弘扬当地少数民族文化中的优良因素，有助于培养少数民族群众的文化自信心和自豪感，建立其对本民族文化的深度认同，进而提升他们自身的文化包容与文化鉴别能力，催生其文化保护意识，去粗取精地将本民族传统文化精髓一代代传承下去。

从"文化自觉"到"文化自信"的升华过程中，该地区少数民族的地方性知识是不可或缺的要素，因为民族地区的地方性知识往往是特定的民族文化的表现形式和深刻内容。某一地区的某支民族文化历经长期的生活、生产酝酿积累，会产生和沉淀出丰富的生态智慧与生态技能，并常常系统地融入该地的地方性知识之中。[2]鉴于此，在扶贫开发实践中，应在"文化自觉"的基础上鼓励少数民族对其本民族文化和地方性知识进行辩证分析，挖掘蕴藏其中的深刻价值和丰富意义，从而塑造出基于科学认知的对本民族文化及地方性知识的文化自信。这个从"文化自觉"到"文化自信"的科学的、扬弃的过程，将有效促使该地区少数民族群众更加注重对传统文化的保护与传承，也将有力促进该地区民族文化软实力的提升，为区内扶贫事业的可持续发展提供源源不断的文化推动力。

---

[1] 费孝通：《反思·对话·文化自觉》，《北京大学学报》（哲学社会科学版）1997 年第 3 期。
[2] 罗康隆、黄贻修：《发展与代价》，民族出版社，2006，第 140 页。

（二）务实而理性地开发和利用少数民族文化资源

在现代市场经济浪潮的冲击下，滇西边境少数民族贫困地区的民族传统文化正面临着过度商业化开发的威胁。为更好地保护区内的民族文化，在扶贫开发工作中，对少数民族文化资源的开发和利用应秉持务实、理性和科学的原则，不能仅以商业盈利为唯一目的，而应尊重和珍视少数民族文化的价值内核，呵护民族传统文化与人们日常生活的血脉联系和代际传承，保持少数民族文化的活性与活力。以扶贫为目标的民族文化资源开发，首先应考虑其能否促进民族文化的有效保护，并且慎重考虑对文化资源的开发利用是否合理，注重文化开发的科学化水平，力争使该地区的民族文化资源开发做到"双赢"：既能有效推动区内的经济社会发展，又能有利于当地民族文化的发展和传承。为此，应注重以下两点。

一是扶贫开发对民族文化资源的利用要适度。该地区各级政府是扶贫工作和文化保护的主要负责方，应准确而充分地发挥自身的行政指导与宏观调控职能。首先，可以通过政策宣讲和听证会等形式，与少数民族贫困群众就当地文化资源的开发利用进行深入的沟通协商，并达成共识。其次，在制定或审批当地民族文化开发项目时，必须进行慎重而严格的考察评估，对一些过度开发或过度商业化的文化项目应坚决拒绝，务必克服文化资源开发中的短视行为。此外，要加强对当地少数民族文化的保护工作。要在收集、整理和保存民族文化资料的基础上，建立多渠道的文化保护与传承模式，如数据库保护模式、博物馆保护模式、延存式保护模式、传承式保护模式和开发式保护模式等，同时发挥优秀民间文化传承人的帮带作用，通过全方位、科学性的文化资源保护与利用举措，助推该地区实现长久可持续的脱贫致富。

二是在扶贫进程中丰富少数民族文化的开发手段。保护民族文化的目的不是为了将其束之高阁，也不是为了将之与其他文化隔绝开来，而是为了将民族文化保护与民族文化开发有机结合，为了激发少数民族群众的文化自信和精神动力，使历史悠久的民族传统文化在当代焕发新生，为扶贫开发注入更多的文化动力和更大的精神号召力。因此，应在尊重各民族文化传统和独特生活习俗的前提下，在充分听取群众意愿和建议的基础上，挖掘和开发该地区不同民族甚至同一民族不同支系的丰富多彩的文化形式，合理利用这些民族文化资源，设计规划符合区内少数民族日常生活特征的文化资源扶贫项目，实现在保护中开发、在开发中保护的良性循环。

第四节　滇西边境少数民族贫困地区扶贫开发的机制建设

滇西边境少数民族贫困地区的扶贫开发必须根据当地的实际情况开展工作，并在其过程中不断完善扶贫开发的工作机制，这样才能与时俱进地推动扶贫开发工作不断提升成效并走向深入。

一　提升扶贫资源整合机制

习近平同志指出："抓扶贫开发，既要整体联动，有共性的要求和措施，又要突出重点，加强对特困村和特困户的帮扶。"[①] 新阶段的扶贫开发，应"整体联动"实施集中连片开发战略；"突出重点"提高扶贫工作的精准度。滇西边境少数民族贫困地区作为一个集中连片特困地区，其一大优势在于全片区的整体联动，它打破了既有的行政分割，形成了整合资源、整体发展的大扶贫格局。但要更好地推进该地区的整体扶贫开发，则需要进一步提升扶贫工作的整合机制，例如建立各级政府可以紧密互动的扶贫资源整合平台和贫困监测系统，从而保障和统筹区内少数民族贫困群众的脱贫致富与区域的整体发展。

（一）建立扶贫资源整合平台

滇西边境少数民族贫困地区的州（市）、县等各级政府在扶贫工作中，由于扶贫资源的来源、渠道不同，时常需要打破行政区划进行协同合作。这就要求省政府乃至中央政府必须从整个地区发展的战略高度完善贫困监测系统，建立扶贫资源整合平台，以便优化配置各类有限的扶贫资源，实现各级政府彼此间的优势互补和良性竞争，提升该地区扶贫开发的效能。

一是利益整合。对于滇西边境少数民族贫困地区的扶贫事业来说，只有做到区内各级政府彼此协同合作，才能实现地区高度上的共同脱贫致富。为确保

---

① 刘永富：《打赢全面建成小康社会的扶贫攻坚战——深入学习贯彻习近平同志关于扶贫开发的重要讲话精神》，《人民日报》2014年4月9日，第7版。

各级地方政府的协作关系，必须对其进行扶贫工作上的利益整合，必须在各级政府间形成一个"大扶贫"的观念共识。具体来说，不仅要科学地整合各种政策、措施、项目和资金，还应共同强化对现有资源的保护与合理利用，通过资源整合实现利益整合，共享基础设施条件、民生工程建设和特色优势产业等的发展成果，并支援欠发展地方的建设。

在这个利益整合过程中最为重要的是，各级政府应该设法在合理范围内打破行政区划与行政级别的界线，进行积极的沟通协商，通过平等对话达成一致意见，并确保相关信息的公开透明，保障包括乡、村在内的各级政府乃至贫困群众的知情权。只有这样，才能在全区范围内真正树立"共下一盘棋"的思想，形成共同的目标、共同的行动，形成合力，实现该地区扶贫开发的最大联动效能。

二是责任整合。在该地区的扶贫开发中，各级政府不仅需要进行利益与资源的整合，还应推进责任的整合，在对地区扶贫开发整体目标任务共同担责的前提下，明确划分各级政府的责任所在。在"渠道不乱、任务不变、各司其职、各记其功"的原则下，明确划分扶贫开发各主体的责任和权利，实现不缺位、不越位、联合共建的目的。另外，应建立对过失责任的可追究机制，以有效制约各地方政府在扶贫开发行为上的随意性或不作为，确保各级政府和各级部门搞好扶贫协作配合，发挥各自的职能作用，杜绝无原则地因利相争和因责相推的现象。与利益整合相同，在责任整合的过程中也要确保各级政府间的平等沟通与信息公开，减少合作中沟通不畅和信任缺失导致的无效决策、重复决策和单方行为，防止产生各自为政、恶性竞争与地方保护主义，从而最大限度地减少该地区脱贫致富的阻碍，努力实现新阶段扶贫开发的最终目标。

（二）完善贫困监测系统

《中国农村扶贫开发纲要（2011—2020 年）》（以下简称《纲要》）指出，要"建立扶贫开发信息系统，开展对连片特困地区的贫困监测"。其主要目标就是要在连片特困地区的扶贫工作中精确识别贫困村和贫困户，做到对两者底数清、目标准，以实现精准扶贫。在新阶段，滇西边境少数民族贫困地区的扶贫开发要按《纲要》所规定，实现针对性扶持、动态化管理，扶真贫、真扶贫，为此，必须进一步完善其贫困监测系统。

一是通过完善该地区的贫困监测系统，为精准扶贫提供依据。区内各县应设立由扶贫部门指导管理的村、户扶贫统计点与贫困监测点；在贫困人口的调查摸底与识别工作中，规范相关信息的采集、整理、反馈和公布，认真核实数据以确保其真实性和准确性；在征得群众同意的基础上逐户摸底，对所识别的贫困户建档立卡，做到"乡有册、村有簿、户有卡"；实现对贫困基层与贫困人口的动态管理，确保扶贫监测数据的准确性与即时性，清楚了解哪些村贫困、哪几户贫困以及贫困原因，这样才能更加准确及时地投放扶贫资源，真正让贫困群众直接地、及时地受益。

二是通过完善该地区的扶贫成效监测系统，为科学决策提供依据。应在该地区的贫困监测系统中构建扶贫成效评价指标体系，用以更加客观地反映区内贫困人口的生存状况、变化趋势与扶贫开发成效，为该地区扶贫工作的科学决策提供依据。而构建该地区的扶贫成效评价指标体系，需要改变过去以收入为单一扶贫成效评价指标的片面做法，构建多维度的扶贫成效综合评价指标，从经济发展、社会发展、生产生活和扶贫开发工作四个方面进行全面考察。其中经济发展指标应包括滇西边境少数民族贫困地区的总体经济发展水平、人均收入和贫困发生率；社会发展指标应包括该地区的科教文卫、社会保障等社会公共服务方面；生产生活指标应包括贫困人口的吃穿住行等方面；扶贫开发工作指标应包括基础设施建设、产业发展、生态保护、贫困人口能力提升等方面。[①] 这四个维度的综合评价指标可以较为全面地表现该地区一段时期内扶贫工作取得的成效与存在的不足，为区内各级政府全面掌握扶贫工作态势，制定科学决策提供可靠的依据。

二 健全扶贫开发监督机制

加强对滇西边境少数民族贫困地区扶贫开发资源的利用情况及其成效的监督，是做好区内扶贫工作，保障扶贫资源真正落地、生根、开花、结果的关键环节，而要使该地区的扶贫工作得到全过程、全方位和全景式的监督，就必须

---

① 张琦、陈伟伟：《连片特困地区扶贫开发成效多为动态评价分析研究——基于灰色关联分析法角度》，《西南民族大学学报》（人文社会科学版）2015 年第 2 期。

拓宽扶贫开发项目与资金的监督渠道，完善其监管流程。

（一）拓宽对扶贫开发项目与资金的监督渠道

该地区的扶贫开发项目与资金想要提高其使用成效，就必须建立行之有效的监督机制，通过多个渠道对扶贫资源的使用进行监督，杜绝其在传递过程中遭到浪费和滥用。为此，除了要建立必要的行政监督外，还应着重建立公众监督机制，拓宽区内少数民族贫困群众参与监督的渠道。我们知道，少数民族贫困群众是扶贫项目和资金的直接利益相关者和最终受益者，他们对监督抱有内在且巨大的积极性，这种积极性一旦通过合理的公众监督渠道发挥出来，必将极大地提高扶贫资源监督的效能。比如由村民推选出村级扶贫监督员，给村级扶贫监督员授予参与扶贫项目资金的跟踪、评议和监督的权力。整个过程中，其他村民也可共同参与监督。同时，该地区应该建立扶贫项目资金信息公开平台，通过网络、广播、村委会公示等渠道定期公开有关扶贫项目资金的相关信息，便于并保障广大少数民族贫困群众履行其监督权利。这样，公众监督可以与行政监督相互结合、相互补充，从而构建一个自上而下与自下而上兼而有之的双向扶贫资源监督机制。

（二）完善对扶贫开发项目与资金的监管流程

目前，滇西边境少数民族贫困地区依然存在对扶贫开发项目资金监管不到位的情况。因此，区内应该建立对扶贫项目资金的全程精细化监管机制，分前、中、后期三个阶段监管区内的扶贫项目资金。

前期监管主要对扶贫项目资金的立项、预算及可行性做好评估和监督，确保扶贫项目及资金投放到贫困群众最急需的地方，建立一套严格的扶贫资金验收审计制度，审查与评估资金使用的数额、用途及效果；中期监管主要对扶贫项目资金的投入使用全过程进行紧密跟踪和严格审查，确保资金按时按量投入，杜绝扶贫项目流于形式或"半拉子"工程；后期监管主要是将扶贫项目的建设成果与立项时的设计目标进行严格的比照验收，并设定项目复查周期，做到定期循环检查，有效杜绝"形象工程""豆腐渣工程"，以保证扶贫项目成效的持久性。在整个精细化监管过程中，应建立扶贫项目资金实施问责制，对扶贫项目与资金的相关责任人进行细致的责任划分，在监管过程中一旦发现问题，就及时追溯到具体的相关责任人，以便有效制止扶贫资金的违法违规使用行为并追究相关人员的法律责任。对扶贫项目与资金的全程精细化监管，可以确保新阶段扶贫开发工作的效率，提高其立项、审批和实施的质量，确保扶贫资金发挥其应有效益，从而确保扶贫事业的良性发展与新阶段扶贫目标的按期达成。

三 构建扶贫开发风险评估机制

为保证滇西边境少数民族贫困地区新阶段的扶贫攻坚战取得最终胜利，除了完善整合机制和加强监督机制外，还应构建扶贫开发的风险评估机制，为该地区的扶贫开发提供及时有效的安全预警。

（一）搭建扶贫开发风险评估框架

滇西边境少数民族贫困地区的扶贫开发，在其具体实施过程中潜藏着诸多风险因素，比如自然灾害会给该地区的生态环境、基础设施与农业生产带来风险；市场波动会给贫困群众脆弱的经济状况带来风险；扶贫项目的工期延迟与质量瑕疵会给贫困群众的生产生活带来风险。此外，还应注意少数民族贫困群众在扶贫开发中可能面临的适应性风险，比如文化差异可能造成贫困群众难以适应现代市场竞争。扶贫工作中应根据当地情况，从环境、市场、政策、制度、文化、社会、建设和管理等多方面，对区内的扶贫开发进行风险评估，建立科学的风险评估框架，防止风险因素叠加导致的扶贫效果弱化或者偏离目标，甚至流失。

（二）建立扶贫开发风险评估体系

关于在该地区建立扶贫开发风险评估体系，具体来说可以从以下两个方面考虑。一是要制定风险评估指标体系。鉴于区内少数民族贫困群众在各方面抵御风险的能力都十分薄弱，在扶贫开发风险评估指标上，既要考虑到他们的生活环境、人均收入和义务教育率等客观情况，也要考虑到他们对生活状况以及对扶贫开发的满意与否等主观情况；既要把该地区的生态环境、经济环境和政治环境等纳入风险评估范围，也要把当地少数民族的文化、风俗和宗教等纳入风险评估范围；既要考虑当前的发展水平与速度，也要考虑长期的发展规划与目标，精心制定一个全方位、多角度、兼顾当前性与长远性、平衡了一系列因素的扶贫开发风险评估指标体系。二是建立以政府为主、多方参与的风险评估制度。为增强扶贫开发风险评估的科学性，避免其沦为形式，除政府相关部门进行风险评估外，还应鼓励和支持利益相关群体与专业评估机构共同参与此项风险评估。三是建立扶贫开发风险评估的保障机制，以保证风险评估具备充足的人力、物力和财力后盾，从而确保扶贫开发风险评估的长期性和持续性，使其成为扶贫开发事业的重要组成部分和得力助手。

结　语

　　扶贫开发关系到我国第一个百年奋斗目标的全面实现，也是我国 2020 年全面建成小康社会的关键一环；从马克思主义民族理论和民族政策的角度看，民族地区的扶贫开发是我国民族工作的重要内容，关系到我国解决民族问题、巩固民族团结、实现民族间真正平等和各民族共同繁荣发展的全局。近三十年来，党和国家一直致力于加快少数民族地区的经济社会发展和缩小地区间的发展差距，民族地区的扶贫开发工作取得了巨大而辉煌的成就。滇西边境少数民族贫困地区的贫困状况也得到了极大缓解，那种极端贫穷落后的状况已经一去不复返。该地区很多地方已经成功地脱贫致富实现小康，而绝大多数地方的贫困状况，也已经从收入贫困转变为复合型贫困。这对该地区新阶段的扶贫开发工作提出了更具挑战性、更高层次的课题：如何提升区内经济社会发展的总量、质量与平衡度，改善区域发展滞后和发展不平衡的现状，从而较好地解决绝对贫困与相对贫困问题；如何在发展地区经济的同时，促进区内少数民族贫困群众自我发展能力的培养，保障其在扶贫开发资源分配中的各项权利，并推进少数民族传统文化的保护和开发，从而较好地解决多维贫困和全面可持续发展问题。

　　如本书所论证的，滇西边境少数民族贫困地区是我国民族地区扶贫开发的重点和难点之一。它既是贫困地区，又是民族地区，还是边境地区：该地区贫困人口多、地域广、程度深且存在较多复合型贫困现象；区内民族多样，民族关系复杂且潜在一定的不稳定因素；该地处于我国西南边陲，与东南亚多个国家接壤。这些特殊性意味着，搞好该地区的扶贫开发工作，对我国少数民族地区乃至其他地区的扶贫开发都能起到很好的示范作用；对我国民族关系的巩固与和谐，以及实现各民族共同繁荣进步，都将起到重要的推动作用；并且在当前云南省成为我国"面向西南开放重要桥头堡"的背景下，可以对我国西南地区的对外开放起到良好的窗口作用。然而，该地区在现阶段的扶贫开发中尚存在一系列的问题和困境，尤其是区内文化教育事业滞后、贫困人口自身发展能力薄弱、民族文化保护与传承不足，以及贫困群众在扶贫资源配置中的权利缺失和参与缺失等，成了制约扶贫开发成就的深层次因素。此外，现有扶贫机制的缺陷造成了区内扶贫开发过度行政化和贫困人口参与不足等问题。

展望未来，我们有理由坚信，滇西边境少数民族贫困地区的扶贫开发工作，将在党和政府的领导下不断深入并取得更大成就。在新阶段，该地区的扶贫事业正面临多个机遇，例如国家的特困地区集中连片开发战略、国家将云南建设为"面向西南开放重要桥头堡"的战略，以及云南省的"民族团结进步边疆繁荣稳定示范区"建设工程等。我们应当抓住这些新机遇，应当团结滇西边境少数民族贫困地区各族人民群众，始终坚持把各民族共同繁荣发展作为扶贫开发的根本出发点和最终目标，充分发挥该地区自身的战略区位优势和自然资源优势，做好扶贫开发在基础设施建设、社会保障体系建设、生态环境保护、城镇化进程、地区产业结构调整等方面的各项具体工作，着重提升少数民族贫困人口的自我发展能力，保障少数民族贫困群众参与扶贫开发各项事务的权利，保护与开发区内的少数民族文化资源，并全面完善区内的扶贫开发机制，同时将扶贫开发工作与区域总体发展协调起来，互相支持、相互促进，最终形成各级政府相互配合、各个方面统筹兼顾和社会各界群策群力的"大扶贫"格局。

从 2014 年起，国务院将每年的 10 月 17 日设立为全国扶贫日。这充分体现了党和国家对贫困地区和贫困群众的关心，也体现了其对贫困宣战的决心和打赢扶贫攻坚战的信心。只要我们在新阶段滇西边境少数民族贫困地区的扶贫开发中真正做到各民族团结互助、各方面科学发展，就一定能彻底解决该地区的贫困问题，大力促进区内各民族的真正平等与共同繁荣发展；一定能在新阶段的扶贫开发中取得更扎实深入的、更受贫困群众认同的和更可持续发展的工作成果，从而为我国 2020 年全面建成小康社会乃至最终实现中华民族的伟大复兴做出一份重要的贡献。

参考文献

（一）文件类

国家发展和改革委员会:《云南省加快建设面向西南开放重要桥头堡总体规划（2012～2020年)》,2012。

国家民委、国家发展和改革委员会、财政部、中国人民银行、国务院扶贫办:《扶持人口较少民族发展规划（2005—2010年)》,2005。

国家民委、国家发展和改革委员会、财政部、中国人民银行、国务院扶贫办:《扶持人口较少民族发展规划（2011—2015年)》,2011。

国务院、中国共产党中央委员会:《中共中央、国务院关于进一步加强民族工作加快少数民族和民族地区经济社会发展的决定》,2005。

国务院办公厅:《少数民族事业"十二五"规划》,2012。

国务院办公厅:《少数民族事业"十一五"规划》,2007。

国务院办公厅:《兴边富民行动"十一五"规划》,2007。

云南省人民政府扶贫开发办公室:《云南省国家扶贫开发工作重点县管理实施细则》,2007。

云南省人民政府扶贫开发办公室:《转发关于进一步加强中央、国家机关和企事业单位定点扶贫工作的通知》,2007。

云南省人民政府扶贫开发办公室:《云南省人民政府扶贫开发办公室2009年总结和2010年工作重点》,2010。

中共云南省委、省政府:《云南省农村扶贫开发纲要（2001—2010年)》,2001。

中共云南省委、省政府:《云南省农村扶贫开发纲要（2011—2020年)》,2011。

中共云南省委、省政府:《云南省农村扶贫开发条例（草案)》,2013。

中共中央、国务院:《国家八七扶贫攻坚计划(1994—2000年)》,1994。

中共中央、国务院:《中国农村扶贫开发纲要(2001—2010年)》,2001。

中共中央、国务院:《中国农村扶贫开发纲要(2011—2020年)》,2011。

中华人民共和国国务院新闻办公室:《中国的民族政策与各民族共同繁荣发展
　　白皮书》,2009。

中华人民共和国国务院新闻办公室:《中国农村扶贫开发白皮书》,2001。

中华人民共和国国务院新闻办公室:《中国农村扶贫开发的新进展白皮书》,
　　2011。

(二)著作类

《马克思恩格斯选集》1~4卷,北京:人民出版社,1995。

《列宁选集》1~4卷,北京:人民出版社,1995。

《毛泽东选集》1~5卷,北京:人民出版社,1991。

《邓小平文选》1~3卷,北京:人民出版社,1994、1993。

《江泽民文选》1~3卷,北京:人民出版社,2006。

安树伟:《中国农村贫困问题研究》,北京:中国环境科学出版社,1999。

陈津云:《云南布朗族(莽人、克木人)贫困与反贫困问题研究》,昆明:云
　　南民族出版社,2011。

陈全功、程蹊:《少数民族山区长期贫困与发展型减贫政策研究》,北京:科
　　学出版社,2014。

樊怀玉:《贫困论——贫困与反贫困的理论与实践》,北京:民族出版社,
　　2002。

范小建:《扶贫开发形势和政策》,北京:中国财政经济出版社,2008。

范小建:《完善国家扶贫战略和政策体系研究》,北京:中国财政经济出版社,
　　2011。

方铁:《西南边疆民族研究》,昆明:云南大学出版社,2001。

费孝通:《中华民族多元一体格局》(修订本),北京:中央民族大学出版社,
　　2003。

葛珺沂:《云南省少数民族地区农村贫困问题研究》,北京:知识产权出版社,
　　2013。

葛忠兴：《中国少数民族地区发展报告 2005》，北京：民族出版社，2006。

耿德铭：《滇西抗战史》，云南人民出版社，2006。

关信平：《中国城市贫困问题研究》，长沙：湖南人民出版社，1999。

郭家骥：《云南民族关系调查研究》，北京：中国社会科学出版社，2010。

郭亚平：《滇西 1944》，昆明：云南人民出版社，2011。

国家民族事务委员会、中共中央文献研究室编《民族工作文献选编（2003 ~
    2009 年）》，北京：中央文献出版社，2010。

国家民族事务委员会：《科学发展的崭新篇章——十六大到十八大的民族工
    作》，北京：民族出版社，2012。

国家民族事务委员会：《中国共产党民族理论政策干部读本》，北京：民族出
    版社，2011。

国家民族事务委员会编《国家民委文件选编（1996—2007）》，北京：民族出
    版社，2010。

国家统计局农村社会经济调查司编《中国农村贫困监测报告》，北京：中国统
    计出版社，2011、2012、2013。

国务院贫困地区经济开发领导小组办公室编《中国贫困地区经济开发概要》，
    北京：农业出版社，1989。

国务院贫困地区经济开发领导小组办公室编译：《国外贫困研究文献译丛》，
    北京：改革出版社，1993。

何光文：《滇西抗战史论》，昆明：云南大学出版社，2007。

何龙群：《中国共产党民族政策史论》，北京：人民出版社，2005。

胡鞍钢、胡光宇：《援助与发展》，北京：清华大学出版社，2005。

胡德才：《新农村扶贫开发》，南宁：广西师范大学出版社，2006。

黄承伟、王建民：《少数民族与扶贫开发》，北京：民族出版社，2011。

黄承伟：《中国反贫困：理论、方法、战略》，北京：中国财政经济出版社，
    2002。

黄承伟：《中国农村反贫困的实践与思考》，北京：中国财政经济出版社，
    2004。

黄健英：《民族地区农村经济发展研究》，北京：中央民族大学出版社，2006。

黄颂文、宋才发：《西部民族地区扶贫开发及其法律保障研究》，北京：中央
　　民族大学出版社，2006。

姜德华：《中国的贫困地区类型及开发》，北京：旅游教育出版社，1989。

焦国栋：《农村贫困问题研究》，北京：中国经济出版社，2004。

金炳镐、康基柱：《民族地区新农村建设研究》，沈阳：辽宁民族出版社，
　　2008。

金炳镐：《民族理论通论》（修订本），北京：中央民族大学出版社，2007。

金炳镐：《中国共产党民族工作理论与实践》，北京：中央民族大学出版社，
　　2007。

康晓光：《中国贫困与反贫困理论》，南宁：广西人民出版社，1995。

李兴江：《中国农村扶贫开发的伟大实践与创新》，北京：中国社会科学出版
　　社，2005。

李周：《森林资源丰富地区的贫困问题研究》，北京：中国社会科学出版社，
　　2004。

林毅夫、李永军：《中国扶贫政策——趋势与挑战》，北京：社会科学文献出
　　版社，2005。

刘坚：《新阶段扶贫开发的成就与挑战》，北京：中国财政经济出版社，2006。

刘维忠：《新阶段边疆少数民族地区农村扶贫开发模式及对策研究》，北京：
　　高等教育出版社，2010。

刘学：《中国西南连片特困地区城镇化路径研究——以滇东北为例》，昆明：
　　云南科技出版社，2012。

孟庆红：《纵论滇西经济发展》，昆明：云南人民出版社，2011。

宁骚：《公共政策学》，北京：高等教育出版社，2003。

潘泽江：《中国特困民族地区农户脆弱性问题研究》，北京：科学出版社，
　　2007。

荣仕星：《中国民族地区公共政策研究》，北京：人民出版社，2009。

沈桂萍、石亚洲：《民族政策科学导论——当代中国民族政策理论研究》，北
　　京：中央民族大学出版社，1998。

施正一：《中国西部民族地区经济开发研究》，北京：民族出版社，1998。

宋明：《少数民族地区综合扶贫开发》，贵阳：贵州人民出版社，2001。

外交部扶贫工作领导小组办公室编《中国外交部云南扶贫十五周年》，北京：世界知识出版社，2008。

汪三贵：《贫困问题与经济发展政策》，北京：农村读物出版社，1994。

王国良：《中国扶贫政策：趋势与挑战》，北京：社会科学文献出版社，2005。

王连芳：《王连芳云南民族工作回忆》，昆明：云南人民出版社，1999。

王洛林：《未来 50 年中国西部大开发战略》，北京：北京出版社，2002。

王清华：《梯田文化论——哈尼族生态农业》，昆明：云南大学出版社，1999。

王希恩：《当代中国民族问题解析》，北京：民族出版社，2002。

王义明：《云南省滇西地区资源开发和生产布局》，昆明：云南科技出版社，1992。

吴楚克：《中国边疆政治学》，北京：中央民族大学出版社，2005。

吴仕民：《西部大开发与民族问题》，北京：民族出版社，2001。

夏英：《贫困与发展》，北京：人民出版社，1996。

向德平：《连片开发模式与少数民族社区发展》，北京：民族出版社，2013。

谢冰：《贫困与保障：贫困视角下的中西部民族地区农村社会保障研究》，北京：商务印书馆，2013。

许树华：《云南农村贫困问题研究》，昆明：云南科技出版社，2012。

杨昌儒：《民族政策学》，贵阳：贵州民族出版社，1998。

杨东萱：《德昂族整体脱贫研究》，昆明：云南民族出版社，2012。

袁德政、赵俊臣：《云南多民族特困地区脱贫致富研究》，昆明：云南人民出版社，1992。

袁德政：《云南多民族特困地区脱贫致富研究》，昆明：云南人民出版社，1992。

云南省民族事务委员会：《云南民族工作大事记》，昆明：云南民族出版社，2008。

张磊：《中国扶贫开发政策演变（1949～2005 年）》，北京：中国财政经济出版社，2007。

张琦、王建民：《产业扶贫模式与少数民族社区发展》，北京：民族出版社，

2013。

张琦、王建民：《整村推进扶贫模式与少数民族社区发展》，北京：民族出版社，2013。

张植荣：《中国边疆与民族问题——当代中国的挑战及其历史由来》，北京：北京大学出版社，2005。

赵俊超：《扶贫开发理论与实践》，北京：中国财政经济出版社，2005。

赵立雄：《农村扶贫开发新探》，北京：人民出版社，2008。

赵曦：《中国西部农村反贫困模式研究》，北京：商务印书馆，2009。

朱晓阳：《边缘与贫困：贫困群体研究反思》，北京：社会科学文献出版社，2012。

郑志龙：《政府扶贫开发绩效评估研究》，北京：中国社会科学出版社，2012。

中国扶贫基金会编：《中国扶贫论文精粹》，北京：中国经济出版社，2001。

中华人民共和国国务院新闻办公室编《中国农村扶贫开发的新进展》，北京：人民出版社，2011。

〔印度〕阿马蒂亚·森：《贫困与饥荒》，北京：商务印书馆，2001。

〔印度〕阿马蒂亚·森：《以自由看待发展》，北京：中国人民大学出版社，2001。

〔印度〕让·雷德兹、阿马蒂亚·森：《饥饿与公共行为》，北京：社会科学文献出版社，2006。

〔印度〕迪帕·纳拉扬：《谁倾听我们的声音》，北京：中国人民大学出版社，2001。

〔瑞典〕冈纳·缪尔达尔：《亚洲的戏剧——对一些国家贫困问题的研究》，北京：北京经济学院出版社，1992。

〔美〕西奥多·舒尔茨：《人力资本投资》，北京：北京经济学院出版社，1992。

〔挪威〕斯泰恩·汉森：《发展中国家的环境与贫困危机》，商务印书馆，1994。

（三）论文类

戴庆中、李德建：《文化视域下的民族地区反贫困策略研究》，《贵州社会科学》2011年第12期。

范小建：《60年：扶贫开发的攻坚战》，《求是》2009年第20期。

范小建：《新形势下扶贫开发工作的四个问题》，《老区建设》2009年第3期。

范小建：《中国特色扶贫开发的基本经验》，《求是》2007 年第 23 期。

高飞：《少数民族地区连片开发扶贫模式的实践与反思——以帕森斯 AGIL 功能分析模型为工具》，《云南民族大学学报》（哲学社会科学版）2013 年第 2 期。

郭洪、朱明熙、张楚：《少数民族地区农村扶贫中值得关注的问题》，《财经科学》2011 年第 4 期。

郭佩霞：《论民族地区反贫困目标瞄准机制的建构》，《贵州社会科学》2007 年第 1 期。

国务院扶贫开发领导小组办公室：《坚持扶贫开发促进共同富裕》，《求是》1999 年第 20 期。

韩广富：《论我国农村扶贫开发机制的创建》，《东北师大学报》（哲学社会科学版）2007 年第 6 期。

韩彦东：《人口较少民族贫困原因及扶贫开发对策研究》，《贵州民族研究》2005 年第 6 期。

何康宁：《用科学发展观构建西部地区农村扶贫战略》，《贵州社会科学》2005 年第 5 期。

洪英华：《开展少数民族和民族地区扶贫开发工作推进全面建设小康进程》，《黑龙江民族丛刊》2003 年第 6 期。

胡阳全：《社会工作介入民族地区农村社区贫困问题的思考》，《云南民族大学学报》（哲学社会科学版）2013 年第 4 期。

黄承伟、蔡葵：《贫困村基层组织参与扶贫开发——国际非政府组织的经验及其启示》，《贵州农业科学》2004 年第 4 期。

黄承伟、沈洋：《完善我国新型农村扶贫开发战略的思考——论"三维资本"协同下的反贫困机制》，《甘肃社会科学》2013 年第 3 期。

姜锡明：《反贫困政策支持力度与扶贫效果：来自西部民族地区的经验》，《上海经济研究》2007 年第 4 期。

焦国栋：《当前我国农村扶贫开发面临的问题与矛盾》，《中共中央党校学报》2004 年第 4 期。

匡远配：《新时期特殊类型贫困地区扶贫开发问题研究》，《贵州社会科学》2011 年第 3 期。

匡远配：《中国民间组织参与扶贫开发：现状以及发展方向》，《贵州社会科学》2010 年第 6 期。

李俊杰、李海鹏：《民族地区农村扶贫开发政策回顾与展望》，《民族论坛》2013 年第 5 期。

李瑞华：《少数民族贫困县反贫困政策建议》，《宏观经济管理》2009 年第 5 期。

李友华：《中国扶贫开发事业发展路径与对策选择》，《学习论坛》2013 年第 3 期。

李忠斌、陈全功：《特殊扶贫开发政策助推少数民族脱贫致富：30 年改革回顾》，《中南民族大学学报》（人文社会科学版）2008 年第 6 期。

廖富洲：《新农村建设必须强化农村扶贫开发》，《学习论坛》2006 年第 9 期。

林乘东：《教育扶贫论》，《民族研究》1997 年第 3 期。

刘贵平：《新世纪我国农村贫困的特征及未来政策选择》，《郑州大学学报》（哲学社会科学版）2002 年第 3 期。

刘丽君：《扶贫开发视角下的少数民族传统文化保护研究》，《法制与社会》2009 年第 32 期。

刘绍吉：《滇东少数民族地区扶贫开发的 SWOT 分析》，《特区经济》2010 年第 1 期。

刘文光：《我国人口较少民族反贫困面临的问题及对策——以云南边境地区人口较少民族为例》，《黑龙江民族丛刊》2012 年第 1 期。

刘志文：《21 世纪扶贫战略新思考》，《农业经济问题》2005 年第 8 期。

龙晔生、杨盛海：《武陵山片区扶贫开发中的生态城镇化战略研究》，《民族论坛》2013 年第 2 期。

卢岳华：《全面建设小康社会与我国中西部农村扶贫开发的思考》，《求索》2004 年第 2 期。

罗一华：《试论江泽民同志的扶贫观》，《毛泽东思想研究》2004 年第 3 期。

马洪雨：《我国扶贫开发国家立法具体化研究》，《甘肃社会科学》2012 年第 4 期。

马贤惠：《民族地区扶贫开发与扶贫资金使用问题的思考》，《贵州民族研究》

2002 年第 2 期。

孟庆瑜：《反贫困法律问题研究》，《西北政法学院学报》2003 年第 1 期。

彭谦、苗丽：《关于云南省临沧市扶持少数民族贫困群体的实践与思考》，《中南民族大学学报》（人文社会科学版）2013 年第 5 期。

冉茂文：《关于加快贵州少数民族极贫地区扶贫开发进程的思考》，《贵州民族研究》1995 年第 3 期。

尚明瑞：《扶贫开发与西北少数民族地区的生态恢复重建及环境保护问题研究》，《社会科学战线》2011 年第 4 期。

宋媛：《未来十年云南农村扶贫开发战略思考》，《云南社会科学》2011 年第 5 期。

覃建雄、张培、陈兴：《旅游产业扶贫开发模式与保障机制研究——以秦巴山区为例》，《西南民族大学学报》（人文社会科学版）2013 年第 7 期。

谭冬发、吴小斌：《"红色资源"与扶贫开发》，《老区建设》2002 年第7 期。

汪三贵、匡远配：《贫困区域收敛与新时期扶贫开发研究》，《湖湘论坛》2012 年第 2 期。

王海燕：《我国扶贫历程及其探索》，《安徽工业大学学报》（社会科学版）2002 年第 3 期。

王建民：《扶贫开发与少数民族文化——以少数民族主体性讨论为核心》，《民族研究》2012 年第 3 期。

王娟、程小放等：《云南异地移民扶贫开发的类型分析》，《生态经济》2002 年第 11 期。

王名：《NGO 及其在扶贫开发中的作用》，《清华大学学报》（哲学社会科学版）2001 年第 1 期。

王明黔、王娜：《西部民族贫困地区反贫困路径选择辨析——基于空间贫困理论视角》，《贵州民族研究》2011 年第 4 期。

王盛泽：《从温饱到小康——中国二十年扶贫开发述论》，《中共党史研究》2004 年第 3 期。

王思铁：《关于新世纪初叶反贫困的若干问题》，《农业经济问题》2000 年第 3 期。

吴海鹰、马夫：《我国人口较少民族的贫困与扶贫开发》，《云南社会科学》2005 年第 1 期。

吴建国：《20 世纪末叶中国边疆民族地区反贫困行动述评》，《西南民族学院学报》（哲学社会科学版）2001 年第 3 期。

吴晓俊：《中国农村返贫困境分析与可持续扶贫探索》，《求实》2010 年第 6 期。

肖立新：《民族贫困地区扶贫开发与人文素质的提高》，《西南民族学院学报》（哲学社会科学版）2002 年第 10 期。

邢成举、葛志军：《集中连片扶贫开发：宏观状况、理论基础与现实选择——基于中国农村贫困监测及相关成果的分析与思考》，《贵州社会科学》2013 年第 5 期。

杨军：《"整村推进"扶贫模式探析》，《农村经济》2007 年第 4 期。

杨秋宝：《反贫困的抉择：中国 50 年的实践、基本经验和历史意义》，《陕西师范大学学报》（哲学社会科学版）1999 年第 4 期。

张艾力：《论民族地区扶贫方略中的民族教育优惠政策》，《满族研究》2012 年第 3 期。

张帆：《我国民族地区农村反贫困存在的问题研究》，《湖北民族学院学报》（哲学社会科学版）2011 年第 2 期。

张光雄：《少数民族地区农村反贫困中市场与政府作用的探讨》，《云南行政学院学报》2004 年第 5 期。

张永亮：《论武陵山片区扶贫开发的价值取向》，《民族论坛》2012 年第 6 期。

赵国明：《新疆实施扶贫开发纲要成效、问题及对策建议》，《新疆社会科学》2011 年第 3 期。

赵慧珠：《走出中国农村反贫困政策的困境》，《文史哲》2007 年第 4 期。

赵思俊：《民族地区扶贫刍议》，《贵州民族研究》1986 年第 1 期。

郑长德：《论民族地区的贫困与反贫困》，《西南民族学院学报》（哲学社会科学版）1997 年第 3 期。

周鸿：《论民族地区人文价值观的优化——对民族贫困问题人文生态因素的一点思考》，《广西右江民族师专学报》1998 年第 3 期。

周鸿:《论民族生活方式现代化的反贫困意义》,《广西民族研究》2004 年第
3 期。

朱坚真、匡小平:《西部地区扶贫开发的模式转换与重点选择》,《中央民族大
学学报》2000 年第 6 期。

朱玉福:《改革开放 30 年来我国民族地区扶贫开发的成就、措施及经验》,
《广西民族研究》2008 年第 4 期。

(四)外文类

Abhijie Banerjee. *Poor Economics-A Radical Rethinking of the Way to Fight Global
Poverty*. Public Affairs. 2011.

Azizur Rahman Khan. *Inequality and Poverty in China in the Age of Globalization*.
Oxford University Press,2001.

Daron Acemouglu, James Robinson. *Why Nations Fail-The Origins of Power,
Prosperity, and Poverty*. Crown Business. 2012.

Ellis, F. Rural. *Livelihoods and Diversity in Developing Countrries*. Oxford University
Press,2000.

Information Office of the State Council of the People's Republic of China. *China's
Ethnic Policy and Common Prosperity and Development of All Ethnic Groups
(September)*. Foreign Languages Press,2009.

Karl Marx. *The Poverty of Philosophy*. Cosimo Classics. 2008.

Kevin Lang. *Poverty and Discrimination*. Princeton University Press. 2007.

Rodgers, Harrell R. *American Poverty in a New Era of Reform*. M E Sharpe Inc.
2005.

Rowntree S. B. *Poverty:A Study of Town Life*. Macmillan Publishers,1901.

Schiller, Bradley R. *The Economics of Poverty and Discrimination*. Prenrice Hall,2007.

索　引

图书在版编目（CIP）数据

滇西边境山区扶贫开发／李洁超著. －－北京：社会科学文献出版社，2018.6
（中国减贫研究书系. 案例研究）
ISBN 978 - 7 - 5201 - 2560 - 4

Ⅰ.①滇… Ⅱ.①李… Ⅲ.①扶贫 - 研究 - 中国
Ⅳ.①F126

中国版本图书馆 CIP 数据核字（2018）第 074272 号

中国减贫研究书系/案例研究

滇西边境山区扶贫开发

著　　者／李洁超

出 版 人／谢寿光
项目统筹／杨　阳
责任编辑／杨　阳　杨鑫磊

出　　版／社会科学文献出版社·社会学出版中心（010）59367159
　　　　　地址：北京市北三环中路甲 29 号院华龙大厦　邮编：100029
　　　　　网址：www.ssap.com.cn
发　　行／市场营销中心（010）59367081　59367018
印　　装／三河市尚艺印装有限公司

规　　格／开 本：787mm × 1092mm　1/16
　　　　　印 张：11　字 数：179 千字
版　　次／2018 年 6 月第 1 版　2018 年 6 月第 1 次印刷
书　　号／ISBN 978 - 7 - 5201 - 2560 - 4
定　　价／59.00 元